Christhard Läpple

So viel Anfang war nie

Notizen aus der ostdeutschen Provinz

btb

Aus persönlichkeitsrechtlichen Gründen wurden die beschriebenen Personen zum Teil anonymisiert.

Sollte diese Publikation Links auf Webseiten Dritter enthalten, so übernehmen wir für deren Inhalte keine Haftung, da wir uns diese nicht zu eigen machen, sondern lediglich auf deren Stand zum Zeitpunkt der Erstveröffentlichung verweisen.

MIX
Papier aus verantwortungsvollen Quellen
FSC® C014496

Verlagsgruppe Random House FSC® N001967

1. Auflage
Genehmigte Taschenbuchausgabe April 2019

Neumarkter Straße 28, 81673 München
Umschlaggestaltung: semper smile, München
Umschlagmotiv: © Luois Busman
Satz: Uhl + Massopust, Aalen
Druck und Einband: GGP Media GmbH, Pößneck
JT · Herstellung: sc
Printed in Germany
ISBN 978-3-442-71762-0

www.btb-verlag.de
www.facebook.com/btbverlag

Für Mina Sophia

Basiert auf einer wahren Begebenheit.

Inhalt

Was ich erzählen möchte,
liegt über zwanzig Jahre zurück,
und es mag sein, dass sich all das nicht ganz so
zugetragen hat, wie ich es hier darstelle.

Prolog – So viel Anfang

So viel Anfang war nie! So viel Hoffnung, so viele Erwartungen, so viele Wünsche. Seit den frühen neunziger Jahren verfolge ich die Geschichte eines kleinen Dorfes am Rande der großen Stadt. Ich bin ein Teil davon, denn auch unsere Familie hatte die *Landlust* gepackt, wie so viele. Arbeit, Schule, Wohnung und Finanzamt blieben in Berlin. Die Sehnsucht nach dem einfachen Leben trieb uns an den Wochenenden hinaus in den brandenburgischen Vierseithof. »Hast du die Schlüssel nicht vergessen?«

Als sich ein Jahrzehnt später der erfolgsverwöhnte West-Investor aus dem Dorf verarmt zurückzog und sein künstlerischer Leiter einsam starb, ließ mich diese Entwicklung nicht in Ruhe. Skizzen und Tagebücher füllten sich. Ich sammelte Geschichten über Größenwahn und Verzagtheit. Das *Theater*-Dorf war in der

Aufmerksamkeitsgunst nach oben geklettert und hatte Abenteurer aller Art angezogen. Es wurde ein modischer Event, ein *Place to be*.

Wie konnte es geschehen, dass ein kleines Nest aus dem Nichts ein Theaterdorf und später ein Themenpark für großartiges Scheitern wurde? Ich war als Beobachter gleichermaßen fasziniert wie irritiert. Anfang 2010 zog ich mit vielen Fragen und einem kleinen Aufnahmegerät los, hörte den Menschen zu, ließ sie erzählen. So entstand in Puzzlearbeit das schillernde Bild einer wundersamen Verwandlung. Im Laufe der Gespräche merkte ich, nicht nur das Land bekam nach dem Mauerfall eine neue Geschichte, auch dieses Dorf; ohne allerdings die alte loszuwerden. Ost und West, Stadt und Land, Selbstgewissheit und Trotz prallten ungebremst aufeinander. Zwischen restaurierter Kirche und schmuckem Reiterhof tobte ein Kulturkampf. Hier war sie, die neue gesamtdeutsche Kampfzone.

Hilfe, die *Wessis* kommen! Für die Einheimischen waren sie die neuen Russen. Wie 1945 marschierte eine fremde Besatzungsmacht ein. Diesmal aus dem Westen. Die neuen Herrschaften lebten mit dem beruhigenden Gefühl, auf der richtigen Seite zu stehen, kurzum: Sieger der Geschichte zu sein. Schauplatz ist die flache brandenburgisch-preußische Landschaft. Theodor Fontanes weites Feld, mit herrlichen Seen, alten Herrenhäusern und dunklen Kiefernwäldern. Hier ist das Verloren-Verträumte genauso zuhause wie der bodenständige Geschmack, rechte Sprüche und linke Seilschaften. Aus diesem *letzten Loch vor der Hölle* sollte ein Muster-Dorf werden, mit Licht- und Klanggarten, Wellness-Hotel und Biospargel. Ein Freizeitpark für erholungssüchtige Städter mitten im Hartz-IV-Land.

Bei meinen Recherchen saß ich in Küchenstuben und vornehmen Altbauwohnungen, in Abrisshäusern und Designerbüros. Ich trank den Schnaps zum Frühstück oder rührte mit langem Löffel im angebotenen Latte Macchiato. Viele, sehr viele Meinungen konnte ich zusammentragen. Was sie einte? Fast nichts. Sie waren unterschiedlich, passten nicht zusammen. Doch genau daraus ergab sich ein Gesamtgemälde über die Zerbrechlichkeit von Biografien. Nichts währt ewig. Alles bleibt möglich.

Diese Geschichte kann der Leser nicht *googeln*. Sie stammt aus erster Hand. Personen und Zitate sind echt, festgehalten auf Tonträgern, getragen vom Vertrauen der Befragten. Die Namen der beschriebenen Personen wurden geändert. Für die Interpretation bin allein ich verantwortlich. Der Erzähler haftet für seine Helden. Dennoch haben die Leute ihre Geschichte selbst zusammengetragen. Ihre Botschaft ist am Ende einfach. Die Welt ist ein Dorf. Das Dorf ist die Welt. Dieser Mikrokosmos ist voller aufregender Geschichten mit überraschenden Wendungen, sind sie nun gut oder böse. Die Geschichte beginnt im Jahr der deutschen Einheit 1990 und endet im Heute.

Nun heißt es mit Dylan Thomas, dem Haus- und Hofdichter des kleinen Dorfes: »Anfangen, wo es anfängt.«

I Das Wunder

Es war im Frühjahr 1990, und das kleine Land DDR war gerade im Begriff, der Auflösung entgegenzueilen.

»Los. Komm schon!« Fritz konnte seinen großen Bruder kaum ertragen. Er nervte. *Ja, doch! Ich komme*, machte er sich Mut. Der Junge kletterte weiter, tastete sich im dunklen Turm nach oben. Durch die Öffnungen blies der Wind.

»Halt dich fest!«

Von oben kannst du die ganze Welt sehen, hatte der Große versprochen.

»Du traust dich doch?«

Der dreijährige Fritz zögerte einen Moment, überwand seine Angst. Er starrte nach oben zur Turmspitze. Es roch nach verfaultem Holz. Er griff nach der nächsten Planke, die auf dem Gebälk lag. Das lose Brett wackelte, gab nach. Der Junge verlor den Halt – und stürzte in die Tiefe. Er hatte nicht einmal Zeit zu schreien.

Ein Aufprall. Dann war es still. Wie ein Engel im

Tiefschlaf lag Fritz im Staub des Treppenabsatzes. Den Rücken merkwürdig verdreht, regungslos im dunklen Ruinenturm.

Der Große kletterte die Stufen hinunter. *Ist er tot?* Sein Herz pochte. Als er sich über seinen Bruder beugte, sah er, dass dieser sich nicht mehr rührte und seine Augen geschlossen waren. Er schrie aus Leibeskräften.

Arno Walter war auf dem Nachhauseweg. In Gedanken ließ er seine erste Sitzung Revue passieren. Es war ganz gut gelaufen. Seit er Bürgermeister im brandenburgischen *Herzdorf* war, hatte sich für den Mittfünfziger vieles geändert. Nun stand er an der Spitze seines Dorfes, das viele nur »das letzte Loch vor der Hölle« nannten. Plötzlich hörte er Hilferufe aus der Kirchenruine, sie kamen aus dem Turm.

»Mein Bruder«, schrie ein verstörter Junge. »Er will nicht mehr aufstehen. Der liegt hier unten und ist platt. Der ist runtergefallen.«

Walter verfluchte die Bengels, die Kirche und befürchtete das Schlimmste. Hatte nicht vor kurzem noch der LPG-Chef empfohlen, den ganzen Steinhaufen wegzuschieben, um endlich Platz für die Straße zu schaffen?

Der Bürgermeister kroch in den Turmeingang. Wie

tot lag der kleine Junge da. »Ich habe das Kind geschnappt, in Richtung Gemeindebüro, zu meiner Tochter.« Der Junge atmete ganz flach. Auf den ersten Blick waren keine Verletzungen zu erkennen. Es dauerte eine Ewigkeit, bis der Notarzt aus der Kreisstadt kam. Aus Minuten wurden gefühlte Stunden. Im Gemeindeamt war man sich unterdessen rasch einig. Seit der Wende klappte nichts mehr. Alles war Auflösung, Unordnung und Chaos. Der Bürgermeister, die Gemeindesekretärin und die hinzugerufene Gemeindeschwester schauten sich bange an: Kommt der Junge durch?

Der gefallene Engel gehörte zu den Baders. Jeder kannte sie. Keiner mochte sie im Dorf. Der Vater ein notorischer Trinker, die Mutter auf Stütze. Sie hatten mindestens sieben Kinder. Andere im Dorf behaupteten zehn, zwölf oder noch mehr, je nach Anzahl der Lokalrunden im Hirsch, der Dorfkneipe im Gutshaus. Ein Stammgast: »Sie war eine Gebärmaschine. Hatte fünfzehn Kinder. Die haben vom Staat gelebt. Das gab's auch schon zu Ostzeiten. Fünf Mark vom Staat pro Kegel. Da kam man gerade so hin.«

Der Junge lag in Decken gehüllt im Gemeindebüro. Regungslos. Nach einer quälend langen Stunde trafen Rettungssanitäter aus der Stadt ein, hoben den Kleinen behutsam auf die Trage und rasten mit Blaulicht ins Krankenhaus. »Glücklicherweise haben sie das Kind gerettet, trotz doppeltem Schädelbasisbruch. Es ist durchgekommen.« Arno Walter atmet tief durch. Dann schaut mich der stattliche Mann mit dem akkuraten Facon-Schnitt entschlossen an. »Jetzt stand die Frage: Was soll mit der Kirche werden?«

Dass der Junge den Sturz überlebt hatte, war ein kleines Wunder. Für Arno Walter war es mehr. Ein Zeichen, ein Wink, ein ganz persönlicher Auftrag zu handeln. Jetzt sollte, nein, jetzt musste in seinem Dorf endlich etwas mit der alten Gutskirche geschehen, die seit Jahrzehnten nur noch ein trauriger Schutthaufen war. Für den Abriss fehlte das Geld. Deshalb war die Kirche aus dem neunzehnten Jahrhundert stehen geblieben, trotz Abrissgenehmigung. Zuletzt war die Wende dazwischengekommen. Seit langem spielten Kinder in der Ruine. Sie kletterten durch die mit Brettern notdürftig vernagelte Tür. Die Kirche war ihr Spielplatz.

Arno Walter, der frühere Vorarbeiter in der LPG »Justus Liebig«, einst zuständig für Schweinezucht, und neuer CDU-Bürgermeister, ballt seine kräftigen Bauernhände zur Faust. Sein Blick sagt: Ich musste handeln. Die Zeit war reif. Also ließ er alle Eingänge zur Kirche zumauern und begab sich auf die Suche nach einem Retter.

Liebe auf den ersten Blick

Es war das Jahr 1991. Die Einheit war nicht einmal ein Jahr alt. Der BMW 750i schnurrte über die Betonpiste, deren Fugen den Rhythmus vorgaben. Tam-Tam, Tam-Tam. Es war eine Zeitreise zurück in die fünfziger Jahre, kurz nach Ende des Krieges. Hans Blumental steuerte lässig seine Limousine durch den Wochenendverkehr, folgte bläulich qualmenden Zweitaktern der Marke Trabant und trommelte mit den Fingern im Takt der *Brandenburgischen Konzerte* auf das Lenkrad. Er strich durch sein silbernes Haar und fühlte sich wie neugeboren. Blumental drehte Bach ein wenig leiser, betrachtete seine Frau, die neben ihm saß, schaute wieder nach vorne. Er staunte, wie anziehend die spröde Landschaft auf ihn wirkte. Merkwürdig, hatte er doch in seinem Leben so viele Länder gesehen, die spektakulärer und atemberaubender waren. Er hatte hohe Berge bestiegen, weite Steppen durchquert und einsame Inseln entdeckt. Er fühlte sich in Städten wie London, New York, Riad, Osaka oder Shanghai zuhause.

Als Landschaftsarchitekt neigte er dazu, jede Landschaft, die er bereiste, und war sie noch so fremd, in wenigen Sekunden räumlich zu erfassen und auf ihre

Gestaltbarkeit zu überprüfen. Was er im Wende-Land gesehen hatte, berührte ihn auf eigenartige Weise. Es fiel ihm das Wort Kindheitsmuster ein. Ja genau, das war doch der Titel eines bekannten Romans aus dem Osten. Wie hieß der Autor noch? Oder war das eine Autorin? Hans Blumental konnte sich Namen schlecht merken, verfluchte seine Vergesslichkeit. Vielleicht muss das so sein, wenn man Mitte fünfzig ist.

Er fühlte sich in unbeschwerte Jugendzeiten zurückversetzt, als seine westfälische Heimat noch nicht mit Tankstellen, Supermärkten und Reihenhäusern zugepflastert war. Die Gegend war flach wie eine Scheibe, sie wirkte bescheiden, nur unterbrochen durch Fähnchentupfer, die gebrauchte Westautos oder Videotheken anpriesen. An manchen Straßenrändern standen Wohnmobile, in denen Damen ihre Dienste feilboten.

Seine ersten Kontakte mit den Einheimischen waren bizarr. Wie ein Alien kam er sich vor. Als er in einem Dorf aus seiner Limousine stieg, um alte Gebäude zu fotografieren, pöbelte ihn ein Mann an: »Für Leute wie Sie gibt es nur eine Lösung: Genickschuss.« Er staunte nicht schlecht über verkommene Dörfer, misstrauische Menschen, fehlende Telefonverbindungen, schreckliches Essen und den lächerlichen Kampf ums Bestellen bei unwilligen Bedienungen.

Blumental, offen und von froher Natur, begriff,

dass die Menschen in diesem Teil des Landes zuerst von »unser« und »ihr« sprachen. Sie fühlten sich überrollt, so klagten sie. Er spürte, wie sie »die da« dachten, die sie für eine neue Besatzungsmacht hielten: reich und arrogant. Die Westdeutschen galten als die neuen Russen. Das frisch vereinte Land hatte im Grunde nur eines gemein: die Währung.

Blumental hatte eine längst verschüttet geglaubte Abenteuersehnsucht erfasst. Es war wie ein Fieber. Hier lockte eine noch nie da gewesene Herausforderung. Landschaft planen, gestalten und entwickeln. Als Pionier im Wilden Osten! Blumental lächelte leise in sich hinein. Er konnte seinem eingefahrenen Mittelstandsleben noch einmal einen Kick verpassen. Das stimmte ihn ausgesprochen heiter. Dieses Geschenk mussten ihm die Götter überreicht haben. Hier wollte er bleiben. Eine Kirche retten, ein Dorf, eine Region. Wann böte sich ihm noch einmal eine solche Chance? Höchstens alle hundert Jahre, davon war er überzeugt.

An diesem Vormittag wollte er ein winziges Dorf namens Herzdorf ansteuern, ein Stück weit entfernt vom bezaubernd-betörenden Rheinsberg. Diese preußische Residenz mit Schloss, Oper und malerischen Seen kannte der Architekt aus Filmen und Büchern. Dort hatte der *junge Fritz* seine schönsten Stunden verbracht und der große Dichter Kurt Tucholsky das unbeschwerte Glück einer Wochenendliebe erlebt. Auch Neuruppin war ihm geläufig, die Preußischste aller Garnisonsstädte mit Sperrstunde, Drill, rechten Winkeln und überdimensionierten Aufmarschplätzen. Das Landstädtchen hatte zwei berühmte Söhne hervorgebracht, die Blumental faszinierten: Der eine zog in die Welt hinaus, um ein weltberühmter Architekt zu werden, der andere zog im Lande umher und schrieb sich zum nationalen Heimatdichter hoch. Beide, Karl Friedrich Schinkel und Theodor Fontane, hatten sich nie kennengelernt, aber eines gemeinsam: Sie verließen so bald wie möglich ihre Vaterstadt, in der »die unregelmäßigen Verben am Jungengymnasium« das einzig Aufregende waren, wie Fontane erwähnte. Zu eng waren den beiden die Menschen, in diesem weiten Land. Herzdorf lag im Nirgendwo, jahrzehntelang von der Landkarte verschwunden durch Eisernen Vorhang, lästige Passkontrollen und aufmerksame Volkspolizisten, die ihre sozialistische Heimat zuverlässig unter Verschluss hielten.

Blumental glitt mit seinem BMW über die Chaussee hinweg, im gleichmäßigen Tam-Tam der notdürftig geflickten Betonplatten. War diese Landstraße aus der Zeit des Dritten Reiches? Blumental überlegte und kam zum Ergebnis, dass dies herzlich wenig ändere. *Ob braun oder rot, ist der Takt nicht fast der gleiche?* Er schüttelte diese Gedanken ab und erinnerte sich, dass er gewarnt worden war: Herzdorf sei ein verkommenes Gutsdorf mit einer Kirche, die einst ganz ansehnlich war. Das Dorf heute? Eine Sackgasse. Statt Toskana erwarte ihn ein Stück Nordkorea, mitten in der DDR, gleichmäßig umgeben von einem Riegel an Sperrgebieten. Hier lebten nur Bauern, Jäger und Soldaten. Blumental erwartete nichts, dennoch war er neugierig, wie das vermeintliche Ende der Welt aussehen würde.

Der Mitte Fünfzigjährige entdeckte das verwitterte Hinweisschild im letzten Moment, übersah beinahe die rechtwinklig abbiegende Stichstraße, die in einer Talsenke auftauchte. An einem zollhausartigen Gebäude bremste Blumental scharf, um seine Limousine an einem mit Topfpflanzen umrahmten Gedenkstein vorbeizusteuern. Ein rotes Dreieck mit dem Schriftzug »Opfer des Faschismus« hatte er flüchtig wahrnehmen können. Die folgende schmale Asphaltstraße war mehr Ast als Weg. Hans Blumental zögerte. War er hier richtig? Fernab jeder Zivilisation? Sollte er die Besichtigung nicht besser sein lassen? Er beruhigte sich und widmete sich seinen Ideen, die ihn unablässig beschäftigten. Hier war Raum, sehr viel Raum, über Jahrzehnte lang konserviert. Angehaltene Zeit. Authentisch. Formbar. Ein Himmelreich für einen Landschaftsplaner.

»Weites Land, enge Menschen, nichts für uns«, das war das Freundlichste, was seine rheinischen Rotarier zu seinen Ausflügen in die Neuen Länder sagten. »Der Osten? Puh! Ist das nicht tiefste Mongolei, ein Mix aus rotem Preußentum und aufdringlichen Sachsen?« Hatte nicht ein englischer Reisender schon vor hundert Jahren über die Mark Brandenburg folgende Frage aufgeworfen: »Wer will gerne in einer Region wohnen, wo schon der Regen eine Zerstreuung ist.« Tummelte sich dort nicht ein explosives Gemisch aus Altkadern, Mitläufern und Neonazis, die *unseren Soli* auf den Kopf hauten? Was wollte er allein in Dunkel-Deutschland, fragten die heimischen Düsseldorfer. »Sollen die *Zonis* doch bleiben, wo sie sind!«, titelte das Hamburger Magazin *Stern*.

Hans Blumental legte behutsam den höheren Gang ein. Gattin Linda saß schweigend neben ihm. Was um alles in der Welt sollten sie hier, hämmerte es in ihrem Kopf. In einem trostlosen Kaff in der brandenburgischen Provinz. Ihre Freunde hatten sie gewarnt. Selbst der einheimische Makler hatte in einem kurzen Moment der Wahrhaftigkeit angedeutet, dieses Dorf sei nur etwas für ganz Unentwegte. Linda Blumental schnaubte ihre Nase, schminkte sich im kleinen Sonnenschutzspiegel den Frust aus dem Gesicht und betete insgeheim, dass diese Landpartie folgenlos an ihr vorüberging.

Der BMW glitt wie ein Raumschiff den leichten Anstieg der Dorfstraße hinauf zu einer Art Baustelle, die auf dem höchsten Punkt Gestalt annahm. Die Blumentals hatten in den letzten Monaten viele Anwesen besichtigt. Herrenhäuser, Bauernhöfe und Villen, allesamt in beklagenswertem Zustand. Nun war ihnen eine Kirche im neoklassizistischen Stil versprochen worden, angeblich eine Perle. Der berühmte Baumeister Schinkel habe hier seine Handschrift hinterlassen. Dafür gebe es gewisse Hinweise. Wenige Monate nach der Einheit verramschten Immobilienhändler alles, was nicht niet- und nagelfest war. Wälder, Seen und Schlösser standen zum Verkauf. Ein ganzes Land war zu haben. Verarmt, aber mit reicher Tradition.

Das Ziel sei erreicht, rief der im Fond mitfahrende Makler. Hier befinde sich das *Objekt*.

Wie? Hans und Linda Blumental wollten ihren Augen nicht trauen. Sie parkten ihre Limousine und stiegen aus. Das sollte eine Kirche sein? Das Gebäude war eine einzige Ruine. Birken wuchsen aus dem Gemäuer. Der Eingang am Turm war verbarrikadiert. Irgendwo bellte ein Hund, ein zweiter tat es ihm gleich. Ansonsten Stille, alles tot. Die Kulisse schien einer zweitklassigen Vorabendserie entsprungen zu sein. »Die Kirche war total zugewachsen, weil sie zwanzig Jahre nicht genutzt wurde«, erinnert sich Hans Blumental. »Wir krochen durch ein Loch in der Haupteingangstür, am Turm. Innen drin sah es aus, als wären Bomben gefallen. Das Dach war kaputt. Die Schuttreste lagen überall. Der Altar war kaputt. Die Bodenfliesen waren entfernt. Ich habe später festgestellt, dass sie bei den einzelnen Leuten im Dorf verwendet worden waren.«

Ehefrau Linda, eine Holländerin, wusste nicht, ob sie lachen oder weinen sollte. Immerhin ließ sie ihre Skepsis im BMW zurück und entschloss sich, die Exkursion zu einer Art Abenteuerausflug umzuwidmen. Sie liebte verfallene Gemäuer, besaßen sie doch einen eigenen Charme. Auch sie zwängte sich durch das Loch und sah, wie ihr Mann, einem Landvermesser gleich, das Kirchenschiff mit seinen Säulen Meter für Meter eroberte. »25 Schritte in die Länge, 12 zur Seite.« Das Schinkelsche Idealmaß, hörte sie ihn leise raunen. »Ich werde nie vergessen, wie wir in der Kirche standen und mein Mann sagte: ›Dieser fantastische Raum!‹ Ich sagte: ›Wo siehst du hier einen Raum?‹ Es war fürchterlich.« Linda Blumental schüttelt es noch heute: »Da standen noch ein paar Mauern, irgendwelche Steine. Man hatte vorgehabt, die Kirche abzureißen, aber es fehlte das Geld.«

Mittlerweile hatte sich Bürgermeister Arno Walter der Besichtigungsgruppe angeschlossen. Er war neugierig auf diesen Mann aus Düsseldorf. Seit dem Sturz des Jungen verfolgte er seine Mission, die einstige

Gutskirche zu retten. »Ich wusste nicht, was ich damit machen sollte. Mit dieser Riesenkirche. Die Kirche selbst wollte sie nicht. Sie stand da so und keiner dahinter. Dann habe ich sie beim Makler ausgeschrieben. Für eine symbolische Mark.«

Auf Anhieb verstanden sich der weltläufige Hans Blumental aus dem Westen und Arno Walter, der Dorfbürgermeister vom nordkoreanischen Ende der Welt. Sie waren nahezu gleich alt, hatten als Heranwachsende den Krieg erlebt. Architekt Hans bot Bürgermeister Walter nach wenigen Minuten das Du an. Das imponierte dem Mann von der LPG. Auf dem Land zählen weder Titel noch lange Reden, sondern einzig die Tat und das klare Wort. Blumental strich sich temperamentvoll durch sein gepflegtes weißes Haar, sortierte seine Gedanken, die hoffnungsfroh in eine blühende Zukunft wiesen. Er fühlte sich wie Albert Schweitzer in Lambarene.

Hinter der ockerfarbenen Kirche erstreckte sich ein verwilderter Park mit knorrigen alten Eichen, einem zugewachsenen Löschteich und mächtigen Blutbuchen. Acht Hektar groß, Gemeindebesitz. »Gehört alles mir«, scherzte der Bürgermeister. Blumental sah in der Mitte des zugewucherten Parks eine Art Herrenhaus. Sein Architektenherz begann schneller zu schlagen.

»Dann war eigentlich alles zu spät. Ich war begeistert und fasziniert. Ja, das war Liebe auf den ersten Blick.« Blumental spürte die Möglichkeit, seinem Leben eine überraschende Wendung zu geben. Ihn reizte das Ungewöhnliche, ihn trieb sein lebenslanger Stolz: von nichts und niemandem abhängig zu sein.

»Das Dorf wirkte verlassen, total abgeschieden. Es war ohne Leben. Das war fast wie im Dornröschenschlaf.« Hier wollte er bleiben. Nun ja, die Dorflehrerin hatte die Blumentals bereits beim ersten Kennenlernen gewarnt. »Bleiben Sie bloß nicht hier. Gehen Sie zurück nach Düsseldorf. Ich kenne meine Schüler. Ich weiß, wie meine Pappenheimer ticken.« Sie war von Potsdam aufs Land versetzt worden, hatte sie erzählt. Strafversetzt, nahm er an. Wahrscheinlich fühlte sie sich zu Höherem berufen und funktionierte nun ihren Frust in Beschimpfungen um. Bedenkenträger gab es immer und überall, beruhigte sich Hans Blumental. Er hatte Feuer gefangen, spürte das Blut in seinen Adern pulsieren, während sein Gehirn alle verfügbaren Glückshormone freisetzte: Was für ein bestechender Gedanke! Außerdem: Was sind schon vierzig Jahre Sozialismus im Vergleich zur neunhundertjährigen Geschichte des Ortes? Ein Fliegenschiss! Noch heute, zwanzig Jahre danach, berauscht sich der Landschaftsarchitekt an diesen wunderbaren Tagen Anfang der neunziger Jahre, als alles möglich war.

II Das Loch

Wir sitzen in der Veranda. Die gute Stube bleibt mir verwehrt. An der Wand tickt laut und vernehmlich eine Uhr. Der kräftige Arno Walter genießt seit einiger Zeit seinen Ruhestand, wie es so schön heißt. Die Früchte der Arbeit nach Jahrzehnten der Plackerei in der LPG, als Brigadier und Schweinezüchter, nach Jahren der mühseligen Aufbauarbeit als Bürgermeister und so manchen Anfeindungen, er sei ein kleiner Wendehals geworden. Im großen Vorraum hängen Jagdtrophäen, vom kleinen Bock bis zum ausgewachsenen Zwölfender. Walter ist wie fast alle alten Herzdorfer ein leidenschaftlicher Jäger. In der Küche lässt Ehefrau Anna die Töpfe klappern, das Mittagessen wird vorbereitet. Es riecht nach Blumenkohl, dessen strenger Duft sich gleichmäßig im Haus verteilt.

Im vergangenen Winter hatte Walter mehrere Tiere verloren. Das treibt ihn um. Sieben Schafe in einer einzigen Nacht, im Gehege hinter seinem Haus! Dazu noch sieben Stück Damwild vom Nachbarn. Für ihn gibt es keinen Zweifel: Es kann nur einer gewesen sein, denn streunende Hunde waren es nicht. Das Blutbad war die Tat des Wolfes. Ein einzelner Rüde ist in die Wälder rund um Herzdorf zurückgekehrt. Seit über hundertfünfzig Jahren war der Wolf verschwunden.

»Dass ich das noch erleben darf.« Walter schüttelt ungläubig den Kopf im »Anbau« seines Hauses, oder wie er es nennt: in einer ehemaligen Stallung des Gutshofes. Die Steine für Walters Anbau stammen aus dem benachbarten ehemaligen Schloss. Bereits seit Kriegsende erfüllen die steinernen Reste, zurückgelassen vom geflüchteten Königsmarcks-Adel, ihren neuen Zweck, in der Hütte eines früheren LPG-Schweinezüchters.

Umsiedler

Das Radio verbreitet sein Gute-Laune-Vormittagsprogramm. An der Wand der dunklen Küchenstube hängt der Landschaftskalender einer großen Versicherung. Es ist der einzige Farbtupfer im Raum. Die über achtzigjährige Marie Herres kauert verspannt auf der Küchenbank. Sie trägt eine blaue Dederon-Kittelschürze. Es fällt ihr schwer zu gehen. Auf dem Herd dampft ein Topf mit Rotkohl. Auf einer weiteren Flamme kochen Kartoffeln.

Sohn Heinz, Ende fünfzig, steht schweigend am Herd. Misstrauisch verfolgt er jede Regung von mir, dem Fremden. Nur kurz verlässt er einmal die Küche, kehrt sofort wieder, seine Blicke bohren sich in meinen Rücken.

Marie Herres möchte bis zum Schluss in ihrem Haus bleiben. Die Mutter von acht Kindern will sich auch im hohen Alter nicht helfen lassen. Bloß nicht. »Es muss ja«, sagt sie, »hilft ja nichts.« Sie wollte Krankenschwester oder Schneiderin werden. »Aber ich bin im Stall hängengeblieben. Bin Melkerin geworden. Ohne Abschluss. Da war der Krieg dazwischen.« Marie streicht sich mit der Hand über die Küchenschürze, ihre Augen hellen sich für den Bruchteil einer Sekunde auf. Dann sagt sie schmunzelnd: »Das kommt aber nicht in die Zeitung«, als ich Notizen mache.

Marie Herres kann sich sehr genau an ihren *Schicksalstag* erinnern. Es war der 7. Juli 1945 gegen Mittag, als ein russischer Soldat zu Pferde kam und alle Deutschen im Ort aufforderte, sich innerhalb einer Stunde zum Abtransport zu versammeln. Marie war gerade vom Johannisbeerensammeln zurückgekehrt. »Wir wussten nicht, was uns bevorstand. Geht es nach

Sibirien, werden wir deportiert? Sie können mit mir machen, was sie wollen. Aber Angst hatte ich keine mehr.« Die deutschen Einwohner konnten noch ein paar Habseligkeiten zusammenpacken. Fragen durften nicht gestellt werden.

So banal geht es zu, wenn Geschichte geschrieben wird, wenn sich eine Familiengeschichte innerhalb weniger Stunden komplett verändert. Marie war fünfzehn Jahre alt. Ein Waisenkind. Ihre Mutter war kurz zuvor gestorben, der Vater im Krieg geblieben. Sie zählt sich heute zu den Verlierern, sie habe im entscheidenden Moment am falschen Ort gelebt.

»In Steinwehrsruh, Kreis Soldin.« – »Steinwehr-Was? Nie gehört!« Das winzige Dorf ist seit sieben Jahrzehnten von der Landkarte verschwunden. Nur die Funktionäre der Heimatvertriebenen erinnern noch an den untergegangenen Ort. Steinwehrsruh befand sich mit seinen dreihundert Seelen in der Nähe der Kleinstadt Lippehne, die heute Lipany heißt. Das gehörte einmal zur Neumark, zum östlichen Teil Brandenburgs, jenseits der Oder. Regierungsbezirk Küstrin. Ein armer Landstrich, von harter Arbeit bestimmt, von Junkern regiert. Anfang Juli 1945 wurde Steinwehrsruh polnisch.

An diesem Nachmittag erreichte auch Arno Walter der Befehl, sofort alles zu packen und zu verschwinden. Er spürte die Angst der Erwachsenen. Was wird aus uns? Werden wir verbannt? Für den damals zehnjährigen Jungen war der Tag ein großes Abenteuer: »Wir durften Handgepäck mitnehmen. Der Russe hatte große LKWs organisiert, das waren Beutefahrzeuge von der deutschen Wehrmacht, mit so einer kurzen Schnauze. Es waren die drei Familien, die die Kühe besorgt haben, die gemolken haben, und sie sind dann mit einem Tross, ich denke, so mit zehn LKW, in einer Kolonne gefahren.«

Marie Herres, damals in der Pubertät, erlebte die Deportation weitaus dramatischer: »Wir wurden an die Giebelwand eines Hofes gestellt. Nach Familien, Alter und Geschlecht sortiert. Die Männer nahmen die Russen mit, sie sollten noch arbeiten. Frauen, Kinder und Alte wurden von den Polen weggeschickt. Wir hatten keine Ahnung, wo es hingeht.«

An Steinwehrsruh war der Krieg spurlos vorübergegangen. Der Ort lag weitab strategisch wichtiger Wege gen Westen. Nicht einmal Flüchtlingstrecks hatten das Dorf passiert. Am 31. Januar 1945 rückte die Rote Armee ein. Marie: »Wir haben uns vierzehn Tage in der Scheune versteckt. Dann stand plötzlich der russische Panzer davor. Sie drohten zu schießen, wenn wir nicht alle rauskommen.«

Die alte Frau räuspert sich, murmelt auf ihrer Küchenbank gegen die Hits der Achtziger und Neunziger aus dem Radio an. Sie sagt wohl, man könne sich gar nicht vorstellen, was sie damals durchgemacht hätten. Dann hebt sie die Stimme: »Plötzlich stand der Russe vor unserer Tür. Ein Dreckschwein.«

»Wie«, frage ich nach, »sah er so aus oder hat er sich so verhalten?«

»Er war rußverschmiert, jung, dreckig, wie ein Soldat so aussieht. Dann gingen sie in den Keller, holten sich die Einweckgläser. Obst, Bohnen, Kompott, einfach alles. Sie setzten sich in die Stube, aßen und tropften. In der Stube!« Das empört Marie noch heute.

Fortan musste sie für die Russen arbeiten. »Morgens früh um vier in den Stall. Kühe melken. Dann ab in die Kartoffeln. Einsammeln, pflanzen, ernten. Dann wieder in den Stall. Ausmisten, melken. Um halb elf abends war Schluss. Wir fielen todmüde ins Bett.«

Die Russen nahmen sich noch mehr. Marie Herres Blick wird kalt. »Einer wollte mich erschießen. ›Mach doch‹, sagte ich ihm. ›Was habe ich denn schon zu verlieren?‹« Sie schweigt. Auf dem Herd klappern die Deckel auf den Töpfen. »Darüber redet man als Frau ungerne. Bei uns haben wir das nach Alter eingeteilt. Die etwas Älteren haben dann gesagt: Nun lass mal, dann halte ich eben ein wenig öfter hin, damit die jungen Mädchen verschont bleiben.«

Marie Herres und Arno Walter waren noch halbe Kinder, als sie am 7. Juli 1945 mit den anderen Deutschen aus dem Dorf verladen wurden. Marie: »Ich hatte nur ein kleines Bündel dabei. Wir wurden auf einem offenen LKW abtransportiert. Zusammen mit den Schweinen.« Das erzürnte sie am meisten. Mit den Schweinen! Auch die zwölfjährige Marlies Müller, die bis heute nur »Marlieschen« heißt und die gemeinsam mit ihrer Mutter und der kleinen Schwester deportiert wurde, konnte diesen Augenblick nicht vergessen: »Wir wurden abtransportiert. Wie Vieh!« Die Soldaten der Sowjetarmee packten Kühe, Schafe, Schweine und Menschen wie Stückgut auf Transport. Und auch die gerade gesammelten Johannisbeeren von Marie Herres gingen auf die Reise mit unbekanntem Ziel.

Marie Herres: »Wir hatten keine Ahnung, was mit uns passiert. Wir fuhren vierundzwanzig Stunden.«

Arno Walter: »Wir sind mittags um drei losgefahren, das weiß ich noch wie heute, dann sind wir bis zum Berliner Ring auf der Autobahn gekommen. In der Nacht sind sie nicht gefahren, weil sie kein Licht hatten. Dann haben wir auf der Autobahn übernachtet, und am nächsten Morgen um zehn Uhr waren wir in Herzdorf.«

Russische Soldaten stoppten den Tross mit den drei

Familien am Zollhaus und trieben die Menschen auf die Straße.

Walter: »Das hieß in der DDR offiziell umsiedeln. Ich sage mal dazu Vertreibung.«

Die neue Heimat begrüßte sie gleichermaßen trostlos wie feindlich. Herzdorfer Frauen warteten ungeduldig, mit Eimern bewaffnet, um die mitgebrachten Kühe zu melken. Daraus wurde nichts. Die Menschen blieben, das Vieh wurde zur nahen sowjetischen Garnison weitertransportiert. Marie musste sogar die gesammelten Beeren abliefern.

Marie Herres, Arno Walter und Marlies Müller drückten sich damals die Straße entlang in Richtung Kirche. Die Einheimischen schimpften über die Flüchtlinge, fürchteten sie als Kostgänger, einige riefen: »Schert euch weg. Wegen euch haben wir den Krieg verloren«, erinnert sich Marie. Sie zieht ein Taschentuch aus der Schürze, ist den Tränen nah: »Die Kirche sah aus wie ein Gefängnis. Das war doch keine Kirche«, schildert sie den ersten Eindruck: »Da wollte ich nie heiraten. Habe ich schließlich doch. Aber das kann man sich nicht aussuchen.« Die Umsiedler, die aus der Neumark und vom Schwarzen Meer kamen, sollten im Gutshaus einquartiert werden. »Die Russen sagten zu uns, ihr könnt im Schloss schlafen. Wir gingen vor der Kirche den Berg hinunter und fragten uns, welches Schloss? Das Gutshaus war damals noch an einem Stück, der Eingang mit Veranda an der Straße. Der alte Gutsverwalter war geflüchtet.«

Es war Heinz Bünger, der das Gut, den mächtigen Mittelpunkt des Dorfes, verwaltet und auf dem Hof ein strenges Regime geführt hatte. Er hatte das Gut von der Familie Königsmarck gepachtet, die zum alten preußischen Adel zählte. Sie hatten 1773 das Anwesen in der mecklenburgischen Enklave zu ihrem Imperium an Gütern in Preußen, Mecklenburg und Pommern hinzugekauft. Ihr Wort war über Generationen Gesetz. Sie bestimmten zwei Jahrhunderte lang, was im Dorf zu geschehen hatte und was zu unterlassen war.

Heinz Bünger war als Leuteschinder gefürchtet. Kaum hatte Hitler die Macht übernommen, versammelte der überzeugte Nazi die Herzdorfer, um sie auf die nationale Revolution einzuschwören. Nun war Bünger wie vom Erdboden verschluckt. Die Sowjets hätten ihn auf seiner Flucht noch verhaften können, hieß es im Dorf, aber der Zug, mit dem er zur Garnison gebracht werden sollte, fuhr so langsam, dass er abspringen und flüchten konnte. Seitdem war Nazi-Bünger verschwunden. Für immer.

Als Walter, Marie und Marlies im Gutsdorf abgeladen wurden, war mit Graf Guido auch der letzte

Königsmarck-Nachfahre untergetaucht. Arno Walter versuchte seit der Wende herauszufinden, wo der Gutsherr abgeblieben war: »Der letzte Königsmarck, der ist Ende April, als die Russen schon rund um Berlin waren, mit seinem Verwalter und einem Handwagen zum Bahnhof und ist dann Richtung Hamburg gefahren. Da hat er wohl Wurzeln gehabt oder Verwandte.« – »War das ein richtiger Königsmarck?«, frage ich. – »Ja, ja. Das war ein Junggeselle. Ich habe noch ein Bild als Kind von ihm. Da stand Hannibal von Königsmarck drauf. Es ist abhandengekommen. Er hat, glaube ich, noch bis in die achtziger Jahre gelebt.«

Tatsächlich hieß Hannibal, der letzte Vertreter der Königsmarck-Familie, mit vollem Namen Hans Guido Karl Joseph Hermann Pigott Casimir Walter Emil von Königsmarck. Der Adelsspross war »zimperlich, mehr Mädchen als Junge«, winkt Elfriede Neumann ab, die älteste Dorfbewohnerin. Er sei ein wenig sonderbar gewesen. *Gu-Ido*, die zweite Silbe, betont Elfriede lang und breit, sei am Ende in den Westen »abgehauen«. Er starb schließlich hochbetagt und vergessen im Alter von 77 Jahren.

Die Neuankömmlinge staunten jedenfalls nicht schlecht, als sie sich dem Adelssitz näherten. Marlies Müller, damals zwölf: »Das Gutshaus war noch intakt. Es gab sogar einen Rosengarten.« Der zwei Jahre jüngere Arno Walter kannte kein elektrisches Licht, das gab es in seinem Elternhaus in Steinwehrsruh nicht. »Hier schalteten wir am Schalter das Licht im ehemaligen Schloss an, da brannten die Kronleuchter an der Decke. Das Haus war bestens. Es war 120 Jahre alt, höchstens.«

Im Gutshaus sammelte sich das ganze Strandgut des Krieges. Unter einem Dach mussten ehemalige polnische, russische und französische Kriegsgefangene, geflüchtete Donauschwaben aus Rumänien und die Neumärker miteinander klarkommen. Gut vierzig Flüchtlinge hatte das kleine Gutsdorf aufzunehmen, jeder fünfte im Ort war ein Neubürger. Alle mussten zusammenrücken. Es wurde eng.

Arno Walter: »Wir haben im Schloss gewohnt. Es war noch viel von den Königsmarcks vorhanden. Die Möbel wurden herausgeschafft, weil ein paar Einheimische reingegangen sind. Die haben Türen aufgebrochen, auch ein paar Schränke. Die ganzen Möbel lagen an einem Anbauschuppen. Uns hat man Feldbetten reingestellt von der deutschen Wehrmacht. Es gab Eisenbetten. Die konnte man übereinander aufsetzen. Da standen in jedem Raum fünf, sechs Betten. Dann hat man uns Strohsäcke zur Verfügung gestellt, die hatte uns der Russe besorgt. Das weiß ich noch wie heute. Die Strohsäcke gestopft. Dann haben wir unsere schöne Wäsche herausgeholt, die wir mitgebracht hatten. Alles, was wir an Kleidung hatten, haben wir mitgebracht. Auch Küchengeräte.«

April 1945

Wer zum Dorfchronisten will, muss eine steile Stiege hinaufsteigen. Unter einem Mansardendach hat sich Wilhelm König ein kleines Reich eingerichtet. Es ist Ende Dezember und ungemütlich kalt. Der Raum ist nicht geheizt.

Ich möge doch flott auf den Punkt kommen, bittet er, denn er müsse gleich mit einigen alten Kameraden auf seinen Geburtstag anstoßen.

»Auf den wievielten?«, frage ich.

»Ach, nur der Achtzigste, den kriegen wir auch noch rum«, winkt der kleine Mann ab.

Aufmerksam war ich auf ihn geworden, als er in den neunziger Jahren in der Herzdorfer Kirche einen Festvortrag halten durfte. Den Anlass habe ich vergessen, nicht aber seinen Auftritt. Diese einmalige Gelegenheit, seinem Steckenpferd, der Heimatgeschichte, öffentlich zu frönen, ließ der pensionierte Lehrer nicht ungenutzt. Endlich konnte er vor Publikum, darunter sogar ein Minister, seine Recherchen »in aller Kürze« vortragen, wie er zu Beginn seiner Rede betonte. Als nach einer halben Stunde die ersten Besucher die Kirche verließen – König hatte gerade die Ära der preußisch-mecklenburgischen Zollunion erreicht –, zischte ein Zwischenrufer, ob man den Mann nicht stoppen könne. Die Veranstalter retteten sich mit einem Polka-Marsch der Musikschule, deren Bläser Königs Vortrag abrupt beendete. Der Festredner war sichtlich irritiert, trat ab und setzte sich auf seinen Platz in der ersten Reihe.

Auch mich versetzte sein Festvortrag keineswegs in Erregung, aber seine Hartnäckigkeit hatte mir imponiert. König war ein Sammler und Jäger, einer, der durch die Geschichte strich, um Anekdoten, Zahlen und Fakten zur Strecke zu bringen. Das Ordnen, Sortieren und Kürzen war nicht seine Stärke. Er liebte das Suchen, war vernarrt in Details. »Das sind alles Banausen«, murmelte er, als ich ihn damals ansprach. Heutzutage wolle keiner mehr richtig zuhören. Fehlende Geduld sei eine Untugend der modernen Zeit. Er verstand die Welt nicht mehr.

Nun sitze ich mit ihm in seiner Mansarde. Voller Besitzerstolz präsentiert der Rentner mehrere Aktenordner. Behutsam blättert er in den Kopien, als wären es wertvolle Dokumente aus dem Nationalarchiv. Die Ordner sind sorgfältig beschriftet: »Herzdorf. Eine mecklenburgische Enklave in der Mark. Bände 1 bis 3.«

Während Wilhelm König blättert, kommentiert er seinen Schatz. Es ist ein Monolog. Meine Anwesenheit hat er längst vergessen. Ich spüre, wie er mit dieser Arbeit ein Stück weit sein Leben verhandelt. Es war nicht alles sinnlos, will er mitteilen. Der Mann ist einer dieser vielen Ruheständler, die den Zeitenumbruch von 1989 offensichtlich bis heute nicht verwunden haben. Seine Botschaft ist einfach: Bis zur Wende war ich wer! Erst Lehrer für Deutsch und Staatsbürgerkunde, schließlich Kreisausschussvorsitzender für Jugendweihe.

Beim Wort Kreisausschussvorsitzender betont er jede Silbe. »Ich habe die Jugendweihe geleitet. 1991 habe ich die letzten Feiern gemacht, dann hatten wir kein Geld mehr. Es haben sich andere gefunden, die das weitermachten, aber mit mir hat keiner Verbindung aufgenommen. Kann man ja nicht. Mit den Alten. Mit den Bonzen!« König lacht.

Ja, er sei Genosse, betont er. Erst SED. 1968 eingetreten, dann PDS. Jetzt Die Linke. Für ihn sei Sozialismus kein Schimpfwort, er sei keiner dieser Wendehälse. Er testet meine Reaktionen. Ich sage, in gewisser Weise sei er auch ein 68er. König stutzt, überlegt, ob ich ihm eine Falle stelle, dann lächelt er gequält mit.

Nun sitzen wir in seiner kalten Studierstube unterm Dach. Seit vielen Jahren hatte er mit großer Gründlichkeit Ahnentabellen, Adelschroniken, Grundbücher, Gesetzestexte, Heimatbände, Zeitzeugenberichte und auch Kirchenzeitschriften – »obwohl das eigentlich nicht meine Strecke ist« – zusammengetragen. Das Ergebnis seiner Sammelleidenschaft versah er mit der Widmung, er wünsche seinen »Beiträgen zur Geschichte des Dorfes« möglichst viele »interessierte Leser«. Doch veröffentlicht wurden seine Werke nie. »Wer will das schon lesen?«, fragen stumm seine Augen, ohne dass er seine Enttäuschung ausspricht. Gemeinsam tauchen wir immer tiefer in die Geschichte *seines* Dorfes ein – die auch sein Leben ist –, obwohl die Geburtstagsgäste jeden Augenblick kommen können.

Als die *Umsiedler*, wie die Vertriebenen in der DDR hießen, im Juli 1945 eintrafen, hatten die alteingesessenen Herzdorfer die Faust in der Tasche. Sie empfanden die Neuankömmlinge als lästige Konkurrenz. Den Herzdorfern steckte der Krieg in den Knochen. Obwohl das Dorf unzerstört blieb, mangelte es an allem. Lebensmittelkarten sicherten das Nötigste. Sie waren noch bis 1957 erforderlich und somit genauso lange Alltagswirklichkeit, wie das Dritte Reich dauerte.

Die *Russen*, wie sie im Dorf genannt wurden, demontierten, was ihnen in die Finger kam. Reichsbahngleise, Autos, Traktoren, Fahrräder, Radioapparate und Uhren wurden beschlagnahmt. Die Herzdorfer fühlten sich in Theodor Fontanes Postkutschenzeiten zurückversetzt, nur ohne Adelige und Gutsverwalter. Pferde mussten wieder eingespannt, Wiesen und Felder mit Ochsen bestellt werden. Vom Bahnhof rollten Reparationszüge voller Holz gen Osten.

Dabei waren die Herzdorfer im Zweiten Weltkrieg Zaungäste geblieben. Jahrelang hatten sie die Kondensstreifen der Bomberkommandos in Richtung Berlin zählen können. Als die nahe Reichshauptstadt immer häufiger nachts attackiert wurde, war es taghell im Dorf. Und als das zweihundert Kilometer entfernte Hamburg im Sommer 1943 in Schutt und Asche gelegt wurde, verfärbte sich der Horizont blutrot.

Erst im Januar 1945 erreichte Hitlers Griff nach der Weltherrschaft auch Herzdorf. Ein Tiefflieger griff den Bahnhof an, weil dort fünf Lokomotiven abgestellt waren. Dabei detonierte im Gutspark eine Bombe, die einen großen Krater riss, wobei aber niemand zu Schaden kam. Offenen Widerstand gegen die Nazis gab es keinen, im Laufe der Jahre grassierten allerdings immer häufiger Flüsterwitze, wie etwa dieser: »›Ich bin Pferdeführer‹. – ›Nix da, bei uns gibt's nur einen Führer.‹ – ›Dann bin ich eben Gaulleiter.‹«

Da viele Männer an der Front waren, ersetzten Kriegsgefangene die Lücken. Im Schlachthof kampierten Franzosen, im Schloss polnische Zwangsarbeiter. Sie mussten in den Wäldern und auf den Feldern arbeiten. Ortschronist König macht mich in diesem Zusammenhang auf die Geschichte des Revierförsters Müller aufmerksam. Dieser von den Nazis eingesetzte Mann achtete sehr auf Ordnung. Jeden Pilzdieb im Wald stellte er, schüttete dessen Ernte aus und zertrat sie. Die auf dem Gut arbeitenden Kriegsgefangenen soll er häufig geschlagen haben.

Im Herbst 1944 übte der Herzdorfer Volkssturm hinter dem Bahngleis die Verteidigung der Heimat. Plötzlich wurde die Gruppe aus Jugendlichen und alten Männern beschossen. Die Schüsse kamen aus dem Wald. Sieben sowjetische Kriegsgefangene waren geflüchtet, hatten »eine Försterei überfallen und Waffen erbeutet«, heißt es in einem damaligen Bericht. Oberförster Müller verfolgte die Ausreißer und forderte Soldaten an, »die das Wäldchen umstellten und die Russen erschossen«. 1946 verhafteten die Sowjets den Förster, der verschwand und »wahrscheinlich in der Haft umkam«. So waren die Zeiten. Wilhelm König schnäuzt sich kräftig die Winternase.

Auch der Herzdorfer Bauer Walter Protz wurde 1947 verhaftet und kam nie wieder zurück. Er wurde für den Tod zweier entflohener sowjetischer Kriegsgefangener verantwortlich gemacht, die Anfang 1945 vom Gut geflüchtet waren. Sie waren zurückgebracht und von »Protz und anderen« in der Nacht »eigenhändig erschlagen« worden. Der Hof der Familie wurde nach Kriegsende als einer der ersten enteignet. Der Schlimmste im Dorf sei allerdings Gutsverwalter Bünger gewesen, betont Wilhelm König, das sei ein ganz Brauner gewesen. »Er hat stets große Reden geschwungen und zu Führers Geburtstag gesprochen.« König schaut mich an. Ja, der Gutsverwalter Bünger sei nie zur Rechenschaft gezogen worden. So einer hat Karriere gemacht, sagt sein anklagender Blick, »bei Euch im Westen«.

Im Westen

Es grüßt ein schlichtes Siedlungshaus aus den dreißiger Jahren. Der Giebel ist schmal, der Putz grau. Ein wenig verschämt duckt es sich weg, als wolle es in der stillen Vorortstraße unerkannt bleiben. Ich stehe an der Haustür, drücke den Klingelknopf, entdecke einen gepflegten hübschen Garten. In der Mitte ein Zierteich, begrenzt von niedrigen Hecken, als Blickfang eine schwarz-braune Holzskulptur, die vom Feuer geformt der Anlage ihren natürlichen Mittelpunkt verleiht. Hier hat eine ordnende, kreative Hand ein Stück Garten gestaltet, das fällt auf in dieser unauffälligen Schlafsiedlung.

Nach Nordrhein-Westfalen haben sich die Blumentals zurückgezogen. Das bescheidene Vaterhaus in einem unscheinbaren Beamtenstädtchen dient als neue, alte Heimat des Landschaftsarchitekten. Hier lebt also der Mann, der dem Prinzen von Saudi-Arabien eine gärtnerische Pracht bescherte, der die Außenanlagen des Kanzleramts in Bonn und im Präsidentenschloss Bellevue den Garten gestaltete.

Hans Blumental öffnet die Tür, entschuldigt sich vorauseilend und flüchtet sich in Ironie. »Kommen Sie in meinen Palast!« Der Flur ist schmal und dunkel. Blumentals Frau wartet im angrenzenden Wohnzimmer. Das sei nun ihr letzter Zufluchtsort, erklärt der Gastgeber, um Souveränität bemüht, und versucht, der kleinbürgerlichen Enge ein virtuelles Upgrade zu verpassen. Das Wohnzimmer sei seine Gelehrtenstube, immerhin mit Kamin, das habe sich sein Vater damals in kluger Weitsichtigkeit leisten wollen, auch die Idee für die großzügige Fensterfläche zum Garten sei seinem offenen Geist entsprungen. Der Raum wird von dunklen Regalen umfasst, die bis unter die Decke mit Büchern gefüllt sind. Eine ganze Reihe ist mit Ordnern vollgestellt. Auf ihnen steht »Herzdorf«.

Auf dem Wohnzimmertisch liegt die neueste Ausgabe der *Frankfurter Allgemeinen Zeitung*, »gesponsert von einer guten Freundin«, erklärt Blumental ungefragt. Auf einem Lesetischchen am Fenster entdecke ich Mark Twains *Huckleberry Finn* und eine englischsprachige Ausgabe von *Sherlock Holmes*. Der Laptop ist eingeschaltet. Das Internet sei nun ihr einziges Fenster zur Welt, merkt Linda Blumental an. Theater oder Konzerte könnten sie sich nicht mehr leisten. So bleibe nur das Netz. Dort suche sie nach Neuigkeiten, auch über Herzdorf, erwähnt sie so beiläufig wie möglich.

Eine kleine Bronzefigur zeigt einen fliegenden Mann, der mehrere Mitreisende auf seinem Rücken schultert. Der Besucher soll diesen Preis wahrnehmen. Den hätten sie 1997 für »herausragende Leistungen im Bereich Dienstleistung und Tourismus« erhalten. Zum ersten Mal lächelt Linda Blumental. Neben der Bronzefigur steht eine kleine Holzskulptur. »Die ist von Jan Walde, einem Künstler aus dem Brandenburgischen. Wir halten viel von ihm. Ein feiner Kerl, ein richtiges Talent.« Das größere Exponat befinde sich in der Mitte ihres Japan-Gartens, erklären die Blumentals.

Hans und Linda versinken in ihrer durchgesessenen Ledergarnitur. Sie fallen sich ins Wort, erzählen von ihrem Dorf wie Flüchtlinge, die im fernen Exil aus ihrer Heimat berichten. Vor fast einem Jahrzehnt haben sie das kleine brandenburgische Dorf verlassen.

»Kaum zu glauben, wie die Zeit vergeht«, seufzt die Gastgeberin. Linda bleibt in gebührendem Abstand zu ihrem Mann. Sie schaut ihn prüfend an. Hans erzählt in einem fort, gestikuliert, hebt die Stimme, weint plötzlich gerührt. Linda schweigt, ergänzt, widerspricht, lacht laut auf, auch sie ist manchmal den Tränen nah.

So reden wir zwei Tage lang, bis wir völlig erschöpft in die Sessel zurückfallen. Wir unternehmen eine Zeitreise in eine aufregende, versunkene Epoche und fühlen uns ein wenig wie die »Sommergäste« in Maxim Gorkis Klassiker. Es war das erste Theaterstück, das in der Ära Blumental in Herzdorf gespielt wurde. »In der Ferne, am weiten russischen Himmel, leuchtet schon die Morgenröte, bald kommt sie, die Revolution«, heißt es da. Und weiter: »Die Bourgeoisie ist bloß ein Haufen dekadenter Klugscheißer, sie fault vor sich hin, ihre Tage sind gezählt, und das Proletariat scharrt mit den Füßen. Brüder, zur Sonne, zur Freiheit!«

Gorkis Geschichte vom kollektiven Selbstbetrug der russischen Mittelschicht spielte unmittelbar *vor* der großen Revolution. Die Blumentals hingegen hatten sich in einer nachrevolutionären Zeit eingerichtet, *nach* dem alles verändernden Ereignis. Obwohl dieser Umbruch längst Geschichte ist, erzählen sie von verpassten Hoffnungen und Chancen, als wäre es gerade passiert. Sie klagen anscheinend an, was sie einst erstrebten und wofür sie stets kämpften. Erfolg, Ruhm und Anerkennung. Heute gehe es den Menschen nur noch um den schnellen Erfolg, das sei das neue Evangelium. Substanz habe keine Chance. Das Leben sei ein einziger Kreislauf von Aufstieg, Triumph, Konkurrenz, Misstrauen, Intrigen, Eifersucht, Einsamkeit. Diese ewig junge Sucht nach Aufmerksamkeit und Anerkennung. Diese Gockelei der aufgeblasenen Windbeutel. Die Blumentals sind kaum zu bremsen.

Bei Gorkis *Sommergästen*, so erinnere ich mich, wehte ein morbider Charme, der traurige Menschen in wunderschönen Kostümen auszeichnete. Die Blumentals haben nicht einmal mehr Kostüme, sie sitzen in ihrem abgewohnten Wohnzimmer. Wir reden uns die Köpfe heiß, worauf es im Leben ankommt. Wann ist ein Mann erfolgreich? Wann eine Frau? Macht scheint für das Ehepaar eine spannende Kategorie zu sein. Macht. Einfluss. Sie nennen es Gestaltungsmöglichkeiten. Was zählt am Ende? Wenn er sich von einer blonden Hochglanzschönheit ins Hotel Adlon begleiten lassen kann? Sie sich in Paris von Olga Berluti Schuhe für die feinen Füße von Hand anfertigen lässt?

»Wir leben auf Hartz-IV-Niveau. Ohne gute Freunde wären wir längst am Ende«, zertrümmert Linda alle Wolkenkuckucksheime. »Das tut so weh! Nicht einmal unseren Sohn können wir unterstützen. Uns fehlt es an allem. Wem habe ich das zu verdanken? Dem großen Blumental. Um Gottes willen, wie armselig.« – »Lass das, bitte. Das tut nichts zur Sache«, wehrt er sich.

Er: »Das war unser Projekt.« Sie: »Nein. Das war deins.«

Linda unterbricht, erzählt von ihren Erfolgen als PR-Frau eines großen Chemiekonzerns. »Ich war die erste Frau überhaupt in einer solchen Position!« Sie habe gelernt, wie man mit Mächtigen umgehen und Produkte richtig vermarkten muss. Beiläufig erwähnt sie, was von Ärzten und Therapien zu halten ist. »Die meisten sind Quacksalber, wollen nur Geld.« Beide haben mich längst vergessen. Sie sind Hauptdarsteller in ihrem eigenen Stück. Das kleine Dorf, an dem sie so hängen, war ihre Bühne. Vielleicht ihre wichtigste Inszenierung. Darüber wollen sie reden, weil sie offensichtlich nicht davon loskommen. Dieses Dorf scheint das Einzige zu sein, was sie zusammenhält.

Der Pastor

»Ach, der wollte aus allem ein Museum machen. Viele Pläne, wenig Substanz. Wir knabbern noch heute daran.« Ortschronist Wilhelm König winkt ab. Wessis kamen und gingen. Er linst listig über seine Lesebrille, die ihm beinahe von der Nase rutscht, und fingert in einem seiner Ordner: »Den müssen Sie kennenlernen! Der hat sich was getraut. In Herzdorf gab es auch einen ganz mutigen Mann, den Herrn Pastor.«

Wilhelm König spielt mit seiner Lesebrille, um das gute Stück danach sorgfältig mit einem Tuch zu säubern, das er flink aus der Hose zaubert. »In Herzdorf gab es nicht nur Nazis. Der hat nicht für Hitler gebetet, der war auch nicht von den Deutschen Christen, wenn Sie wissen, was das war. Der war ein Antifaschist!« König setzt sich seine Brille wieder auf und greift entschlossen nach dem Ordner. Er sucht und flucht, als er in seinen Papieren blättert. »Da habe ich noch was für Sie. Das könnte Sie interessieren.«

In der Herzdorfer Kirche predigte Ende der dreißiger Jahre ein fröhlicher und weitgereister Mann. Er hieß Aurel von Jüchen. Ein ungewöhnlicher Name und ein ungewöhnlicher Mensch. Mitte vierzig, feinsinnig, von kräftiger Statur. Kaufmannssohn. Liberales Elternhaus. Aufgewachsen im Kohlenpott. Ferienjobs im Bergwerk. Studium in Münster, Tübingen und Jena. Der Pastor war in die Provinz versetzt worden. Strafversetzt, um genau zu sein. Der Mann sollte endlich Ruhe geben. Dafür schien die kleine mecklenburgische Enklave mitten in Preußen genau der richtige Verbannungsort zu sein.

Bereits bei seiner ersten Stelle als junger Landpfarrer in Thüringen, als Hitler noch gar nicht an der Macht war, predigte er gegen die kleinen und großen Nazis in seiner Gemeinde an. Der unerschrockene Theologe eckte rasch bei seinen Kirchenoberen an und wurde 1932 unter einem Vorwand *dienstentsetzt*, wie es offiziell hieß. Es war ein Rausschmiss erster Klasse. Die Thüringer Kirchenleitung schickte ihn in den Ruhestand, er wurde mit Anfang dreißig zwangspensioniert. Ohne Einkommen und mit exakt 130 Reichsmark Beihilfe im Monat musste sich der junge Vater von zwei Kindern drei Jahre lang über Wasser halten.

Bis es einfach nicht mehr ging. Um sich und seine Familie durchzubringen, trat er 1935 in den NS-Pastorenbund ein. Nach dieser Unterwerfungsgeste erbarmten sich die Kirchenoberen und schickten ihn nach Mecklenburg. Dort baute ein NS-treuer Landesbischof eine Germanische Nationalkirche auf. Den jungen, widerspenstigen Problemfall aus Thüringen versetzte er zunächst in die nordöstliche Provinz, die Uckermark. Zwei Jahre später schickten ihn die Kirchenoberen in die mecklenburgische Enklave von Herzdorf. Der Bischof hoffte, dass der Pastor in diesem Niemandsland keinen Schaden anrichten konnte. Er sollte sich mächtig irren.

Von Jüchen nutzte den stillen Winkel zum Schreiben, Holzschlagen und sich Einmischen. Im Dorf packte er bei der Ernte mit an, seine Tochter lernte das Melken. Die Tür des Pfarrhauses stand für jeden offen. Nebenbei sympathisierte von Jüchen mit kirchlichen Dissidenten wie Dietrich Bonhoeffer oder Martin Niemöller. Schließlich schloss er sich der Bekennenden Kirche an. Jeden Sonntag zündete er zum Gottesdienst die Niemöller-Kerze an, wie sich seine Tochter erinnert. Alle im Dorf wussten es. Niemand nahm Anstoß. Entscheidender war, dass der Pastor die Sprache und Sorgen der einfachen Leute verstand. Im Sommer 1938 traute er in der Gutskirche Elfriede, die Tochter des Einzelbauern Protz, mit dem Berufssoldaten Hans Kühn. Das war ein großes Ereignis. Er in Offiziersuniform, sie im weißen Brautkleid mit langer Schleppe. Stolz und feierlich zogen Hans und Braut Elfriede mit der Festgesellschaft in Zweierreihen über die staubige Chaussee von der Kirche bis zum eigenen Hof am anderen Ende. Die mittlerweile fast hundertjährige Elfriede Kühn – »habe drei Kaiser überlebt: Wilhelm Zwo, Adolf und Honecker« – schwärmt noch immer von »unserem Aurel«. Der großgewachsene Mann war »ein Ordentlicher«, auch wenn er zur anschließenden Hochzeitsfeier »ohne Anmeldung« gekommen und »nur ein paar Stunden geblieben« sei.

Aurel von Jüchen war im Dorf ein Paradiesvogel. Ein weitgereister Mann. Unerschrocken, belesen und voll Tatendrang. Zu Weihnachten verfasste er selbstgeschriebene Krippenspiele. Tochter Edith spielte als Dreizehnjährige die Maria, ihr jüngerer Bruder Hanspeter einen Engel: »Wir sind nachts bei klirrender Kälte im offenen Pritschenwagen über die Dörfer gefahren, um dort das Weihnachtsspiel aufzuführen. Danach gab es im Gut an einer großen Tafel Kakao und Kekse. Jedes Jahr gab es zu Weihnachten einen Hasen von den Königsmarcks. Einen Hasen zu Weihnachten! Das war unser Festmahl.«

Am 11. November 1938 tauchten in einer Nachbargemeinde ein gutes Dutzend angetrunkener SA-Männer in Zivil auf. Zwei Tage zuvor, in der Reichspogromnacht, hatten in Deutschland überall Synagogen und jüdische Geschäfte gebrannt, war organisierter Naziterror über das Land hinwegfegt. Im gesamten Kreis gab es damals 21 Juden. Es war ein Sonnabend. Der Kreisleiter feierte an diesem Tag Geburtstag, und das einzige Judenhaus in der Nähe sollte sein Geschenk werden. Die Berliner Kaufmannsfamilie Abraham hatte in der Pfarrgemeinde ihren zweiten Wohnsitz.

Aurel von Jüchen notierte: »Am Abend sah ich vom Fenster meiner Amtsstube aus in Richtung der dem Pfarrhaus gegenüberliegenden Sägemühle einen den nächtlichen Himmel erleuchtenden Feuerschein.« Der Pastor ließ seine Predigtvorbereitung liegen und stürzte auf die Straße. Die Fremden hatten bereits im Hause Abraham randaliert, Tische, Stühle und Schränke auf die Straße geworfen. Dann waren sie einige Meter weitergezogen und hatten das Wochenendhäuschen in Brand gesteckt.

Doch keine Feuerglocke läutete. Niemand griff ein. Der Pastor rannte zur Gastwirtschaft, in der die Bauern ihr Samstagabendbier tranken. Er forderte sie auf zu helfen, um die angrenzenden Gebäude zu schützen. Schließlich organisierte der Pfarrer eine Menschenkette und trug selbst Eimer von der Pumpe bis zum brennenden Haus. Nicht nur das: Er stellte die Fremden zur Rede, fragte, wer das Feuer gelegt habe. Die SA-Männer waren für einen Moment perplex, dann kreisten sie den Pfarrer ein, brüllten ihren Hass hinaus und beschimpften ihn.

Aurel von Jüchen blieb ruhig, erklärte, das Dorf mit seinen strohgedeckten Häusern sei in Gefahr. Außerdem seien Einzelaktionen seit 48 Stunden verboten, ob sie weiter gegen Anordnungen des Reichsinnenministers verstoßen wollten. Daher müsse jetzt der Bürgermeister die Polizei alarmieren. Bis zu deren Eintreffen habe die Feuerwehr alle Polizeigewalt auszuüben. Die SA-Leute trauten ihren Ohren nicht. Ihr Anführer, der Kreisleiter, schrie dem Pfarrer ins Gesicht, was er sich einbilde, wer er sei. Was erlaubt oder verboten ist, bestimme er. Er sei das Gesetz.

Aurel von Jüchen gab später zu Protokoll: »Da sie abfällige Bemerkungen machten über Religionsvertreter, denen die ›Dummen immer noch nachliefen‹, ging ich auf das Gespräch ein. Im Laufe der Unterhaltung nannte man mich einen Judenknecht. Ich antwortete ruhig, dass ich mich für einen genauso guten Deutschen hielte wie sie selbst, dass ich aber mit der Würde und mit dem durch das Christentum geprägten Rechtssinn des deutschen Volkes ihr Vorgehen für unvereinbar hielt.«

Die Situation eskalierte. Der Pfarrer wurde bedrängt, bedroht und geschlagen. Er konnte sich losreißen, wegrennen und im Pfarrhaus verbarrikadieren. Während der tobende SA-Mob begann, die Fensterscheiben des Hauses mit Steinen einzuwerfen, bangte die vierzehnjährige Edith um ihr Leben. Sie verkroch sich mit ihrem jüngeren Bruder im Bett und zog sich die Decke über den Kopf.

In dieser aufgeheizten Situation geschah ein kleines Wunder. Die Einheimischen versammelten sich vor dem Pfarrhaus – zuerst stellten sich die Frauen schützend vor das Haus. Eine Geschichte, die niemand im Dorf vergessen hat, über die aber bis heute kaum geredet wird. »Unser Pastor war beliebt«, erinnert sich eine alte Frau aus der Gemeinde, die ich treffe. »Da mussten wir was tun. So ging das nicht!«

Als endlich die alarmierten Gendarmen eintrafen, zogen sich die fremden SA-Männer grölend zurück.

»Ja, ja, der Herr Pastor, der konnte seinen Mund nicht halten. Das war einer«, ergänzt schmunzelnd eine andere Nachbarin, die gleichfalls Augenzeugin war. Sie kann kaum noch hören, aber lacht mich, mit ihren achtzig Jahren, fröhlich an. Sie steht vor ihrer Bauernkate, trägt wie alle Frauen ihrer Generation die blaue Dederon-Kittelschürze aus DDR-Tagen. Eine Katze schmiegt sich an ihre Füße. Sie hatte die Schreckensnacht als junges Mädchen miterlebt. »Das war knapp. Die hätten ihn totgeschlagen.«

Das »Juden-Haus« wurde gerettet und der Pastor auch. Die SA-Leute hätten von Jüchen in jener Nacht sicher der Gestapo ausgeliefert, oder er hätte seine

Aktion gar mit dem Leben bezahlen müssen. Familie Abraham konnte im Sommer 1939 in letzter Minute nach Australien auswandern.

Die Geschichte vom Protest des Pastors drang bis zur Kirchenspitze vor. Jüchen musste sich rechtfertigen – vor der eigenen Leitung. In einem Schreiben hieß es im März 1939, er habe die Gemeinde gespalten. Außerdem würde er in der »Behandlung der Judenfrage im Rahmen der kirchlichen Verwaltung eine Haltung einnehmen, die eines deutschen Geistlichen unwürdig« sei. Deshalb werde ein Disziplinarverfahren angeordnet.

Von Jüchen war in ernster Gefahr. Der Pastor stand am Pranger. Pfarrerskollegen attackierten ihn öffentlich: »Dass Sie gewiss sind, dass jeder lutherische Pastor in Mecklenburg mit Ihnen Arm in Arm Judas' Lob singe im Namen des Volkes, ist eine kapitale geistige Verwirrung bei Ihnen und eine unverschämte Beleidigung. Reden Sie für sich, so viel Sie wollen, aber reden Sie nicht im Auftrag, der Ihnen nie erteilt wurde. Merken Sie sich das bitte für alle Zukunft und wenden Sie Ihre Zeit besser einer ordentlichen Seelsorge am deutschen Menschen in Ihrem Dorf zu.«

In dieser Bedrängnis verfassten die Dorfbewohner für ihren Pastor eine Petition, die alle unterzeichneten, nur nicht der Bürgermeister und der Ortsbauernführer. Selbst der Dorfgendarm drückte beide Augen zu und denunzierte ihn nicht, selbst dann, als Aurel von Jüchen wieder einmal Klartext redete oder gar »den Führer« aufs Korn nahm. Dann pflegte der Dorfpolizist zu sagen: »Herr Pastor. Das will ich jetzt nicht gehört haben«, und ging weiter. Auch das ist Dorf. Die Solidarität der Bewohner hatte den Pastor vor dem KZ gerettet. Für Tochter Edith von Jüchen bleibt das bis heute ein kleines Wunder.

Es gehört zu den Kuriositäten, dass der Krieg, vor dem der Pastor stets warnte, ihn vor weiterer Verfolgung schützte. Von Jüchen meldete sich zur Front und überstand als einfacher Gefreiter die Kriegsjahre in Frankreich und Belgien. Dank seiner Französischkenntnisse fand er einen Posten als Dolmetscher. Kurz vor Kriegsende gelang ihm die Flucht von der Front. Tochter Edith: »Im April 1945 war er in Magdeburg. Dort half er nach den schweren Luftangriffen zu löschen. Im allgemeinen Durcheinander setzte er sich ab. Vati wollte nicht zum Amerikaner, er wollte nach Hause. Dort ist er kurz vor dem 1. Mai angekommen.«

Die Russen kommen

Die Tochter erinnert sich an die letzten Tage des Krieges, als ihr Pfarrhaus mit Soldaten überfüllt war. Im Keller war ein Matratzenlager für Verwundete eingerichtet worden. Parterre wohnten die Herren Offiziere und in der Dachetage die Familie. In Stall und Scheune kampierten die Landser. »Vati kam in Fliegeruniform nach Hause. Er kam in einem Geländewagen. Er hatte sich vorher in der Schreibstube selbst einen gefälschten Fahrtbefehl ausgestellt. Ich fiel ihm vor Freude um den Hals. Doch er wies mich zurück, war todernst.« Edith wunderte sich zunächst über das Verhalten ihres Vaters. »Keiner sollte merken, dass er desertiert war. Vati haben wir oben im Haus versteckt. Später stellte er für die Offiziere gefälschte Fahrtbefehle aus.«

Der Vater trug bis zur letzten Minute seine Uniform. Er wollte nicht im allerletzten Moment noch als Deserteur entdeckt und hingerichtet werden. Am Morgen nach seiner Rückkehr verließen die Soldaten fluchtartig das Haus. Einige hatten noch Rasierschaum an der Wange oder nicht einmal das Hemd zugeknöpft. Wenig später tauchten am Ortsrand die ersten Soldaten der Roten Armee auf. Einige Schüsse fielen. Aurel von Jüchen zog die ungeliebte Uniform aus, verwandelte sich vom Landser wieder in einen Pfarrer. »Mein Vater hatte ein Bettlaken vorbereitet, das an einer Besenstange befestigt war. Wir hatten so ein Schwalbennestfenster oben auf dem Dachboden. Also die weiße Fahne raus – und bums, ein Schuss von der deutschen fliehenden Wehrmacht in Vatis Arbeitszimmer. Da klaffte ein mächtiges Loch.« Edith zeigt auf eine große leere Fläche an der Wand ihres Wohnzimmers.

Ihre Stimme zittert: »Dann kamen die Russen. Es waren Kosaken. Die kamen auf Pferden, und jeder zog noch drei, vier Pferde mit sich. Wir hatten keine Angst. Der Goebbels-Propaganda hatten wir sowieso nicht geglaubt. Wir haben die wirklich als Befreier empfangen. Wir sind mit Wassereimern und Schöpfkelle raus auf die Straße. Wir mussten das Wasser zuerst vor ihren Augen kosten, ob es nicht vergiftet ist.« Einige Stunden später besetzten nachrückende Truppen den Ort, und mit ihnen erschallten die ersten »Frau-komm-mit«-Rufe. Angst kroch durch das Dorf: »Die Frauen flüchteten in die Kirche. Sie schrien ganz laut, als die Soldaten eintreten wollten. Das hatte ihnen mein Vater geraten. So war das. Es war Krieg. Das kann man sich heute gar nicht mehr vorstellen.«

In der Stunde null wurde Aurel von Jüchen Bürgermeister seines kleinen Dorfes. »Er hat mit den Russen verhandelt. Als am Tag darauf der Enkel aus der Gastwirtschaft Böckmann weinend zu uns ins Pfarrhaus kam und erklärte, man habe den Radioapparat weggenommen, ist er schnurstracks zu dem Soldaten gegangen und holte sich das Gerät zurück. So war er. Unerschrocken. Ihm ist nichts passiert. Er konnte gut mit den Russen umgehen. Sie sagten später über ihn: ›Guterrr Bürgermeister.‹«

Für die einundzwanzigjährige Edith von Jüchen bedeuteten die ersten Tage nach der Befreiung aber keineswegs den Himmel auf Erden, im Gegenteil. Der Grund: »Ich war noch jung und knusprig.« Sie lacht in diesem Moment ein wenig zu laut auf. Als könnte sie mit ihrer Unbekümmertheit böse Dämonen vertreiben. Sie stockt, ringt mit ihrer inneren Stimme, um dann doch etwas preiszugeben, was sie wohl noch nie in ihrem Leben einem Menschen anvertraut hat. Eines Morgens habe sie in der Küche Malzkaffee zubereitet, als ein Soldat auftauchte. Edith senkt ihre Stimme. »Er sagte zu mir: ›Deutscher Soldat Durst!‹« Der russische Soldat meinte einen deutschen Landser, der im Keller zurückgelassen worden war. »Ich ging an den Wassereimer und nahm ein Glas Wasser und ging mit ihm in den Keller. Das war Trick 17.« Der Rotarmist lockte die junge Frau in den Keller. Edith konnte zu diesem Zeitpunkt nicht wissen, dass der Deutsche in der Nacht zuvor gestorben war. Der Keller war dunkel. Der Soldat kam ohne Umschweife zur Sache. Edith war schockiert, befolgte jedoch instinktiv den Rat ihres Vaters, bei Gefahr beide Knie zusammenzupressen. Die 88-jährige Edith demonstriert in ihrem Sessel, wie sie sich an jenem Maimorgen verhalten hatte, und zieht die Beine eng zusammen. Das Sprechen fällt der sonst so eloquenten Frau sichtlich schwer. Sie reiht atemlos Wort an Wort, wie Peitschenschläge. Ihr dürrer Körper hat sich zusammengezogen.

»Ich alleine mit ihm im Keller. Die Türe rangemacht. In der anderen Nische der tote Soldat. Ich lag. Er nahm mich in den Arm. Streicheln und Küsschen auf die Wange. Ich habe gesagt: ›Das darfst du nicht!‹ Ich habe nicht geschimpft oder geschrien, sondern ich habe ihm die Backen gestreichelt und gesagt: ›Das darfst du nicht. Stalin hat das verboten.‹« Sie hält einen Moment inne, dann wiederholt sie diesen Satz langsam und deutlich: »Stalin hat das verboten. Das darfst du nicht!«

Edith zittert am ganzen Körper: »Wenn ein Mann eine Frau mit Gewalt will, schafft er das immer. Jedenfalls: Mit einem Mal ließ er los und sagte: ›Geh!‹ Und ich kam die Kellertreppe rauf. Da standen meine Eltern und unterhielten sich mit irgendeinem Russen. Ich habe mich nur danebengestellt, war starr vor Schreck.« Edith atmet noch schneller. Sie versucht, die Dämonen zu vertreiben. »So waren die Zeiten. Ich hatte mehrere Male wahnsinnig Glück. Ich habe mich in diesen Wochen oft verstecken müssen. Zusammen mit meiner Cousine. Wir verschwanden auf dem Dachboden. Oder ab über den Zaun.«

Tief durchatmen. Das Überleben als Geschenk begreifen. Sie macht sich Mut, erzählt, wie im Pfarrhaus Hoffnung einzog. Doch statt besserer Zeiten geschah im Namen der Befreiung neues Unrecht. Der Pastor lernte sogleich die Spielregeln der neuen Machthaber kennen.

In einem DDR-amtlichen »Historischen Führer« aus den achtziger Jahren heißt es über ihn: »1945 widersetzte sich der Ortspfarrer Aurel von Jüchen der Bodenreform, löste die Grundbodenkommission auf, setzte eine unter seiner Leitung ein, die die Beschlagnahme des hiesigen Gutes für rechtswidrig deklarierte, und rief von der Kanzel zum Widerstand gegen die Ausweisung des Gutsbesitzers aus. 1946 verhaftet.«

Tochter Edith kann endlich wieder lachen, als ich ihr zum ersten Mal diese offizielle Geschichtsschreibung der DDR zeige. Sie winkt ab: »Mein Vater war für die Bodenreform. Ein Bauer aus der Gemeinde hatte drei, vier Hektar über dem Limit von hundert Hektar und galt nun als Großgrundbesitzer. Er wurde verhaftet. Mein Vater setzte sich für ihn ein. Nun wurde er selbst verhört. Der Vorwurf an ihn lautete: Er würde die Bodenreform sabotieren. Mein Vater hatte ein Flugblatt in der Hose. Das zog er raus, zeigte es den Vernehmern. Da stand, er sei ein Befürworter der Bodenreform. Nach einer Nacht war er wieder entlassen.«

Unbeirrt ließen die Jüchens das Pfarrhaus als Ort der Erneuerung aufblühen. Gleich drei neue Parteien gründeten sich im Frühjahr 1946 im Hause Jüchen. Erst die SPD, des Pastors politische Heimat, wenig später die CDU, zuletzt die liberale Partei LDP. Im gleichen Jahr verließ von Jüchen seine Landgemeinde und wechselte nach Schwerin. Dort baute er die lokale Jugendorganisation der Sozialistischen Einheitspartei auf, die FDJ. Jüchen träumte in den Hungerjahren der Nachkriegszeit von einer besseren und gerechteren Gesellschaft. Einer Gesellschaft ohne Schranken und Barrieren, ohne Angst, Willkür und Terror. Er versuchte etwas Unmögliches. Er engagierte sich sowohl für christliche Jugendgruppen als auch bei der Parteijugend.

Das konnte nicht lange gut gehen. Bald saß er zwischen allen Stühlen. Aus Jüchens SPD war mittlerweile auf Druck der KPD die zwangsvereinigte SED geworden. Die neue Liebe der nunmehr allein regierenden SED-Genossen zu Stalin wollte von Jüchen nicht teilen. Er fühlte sich seinem Gott verantwortlich, verabscheute irdische Alleinherrscher, gleichgültig, ob sie nun Hitler oder Stalin hießen. Es kam, wie es kommen musste.

Im Dezember 1949 meldete die *Schweriner Landeszeitung*: »Die Landesparteikontrollkommission beschloss, das ehemalige Mitglied der SED, Aurel v. Jüchen, aus der Partei auszuschließen. Pastor v. Jüchen hat als Mitglied der SED ein doppelzüngiges Spiel getrieben und versucht, zwischen den demokratischen Parteien Misstrauen zu säen, wodurch er die gute Zusammenarbeit im Block gefährdete. Durch die Schaffung von separaten Jugendzirkeln betrieb er die Untergrabung der Einheit der Jugend.«

Drei Monate später, im Februar 1950, wurde von Jüchen in Schwerin verhaftet. Wieder demonstrierten mutige Menschen für ihn. Seine Konfirmanden zogen zum Gefängnis. Vergeblich. Der Pastor verschwand spurlos. Sechs Monate verbrachte er in totaler Isolation in U-Haft. Einen Anwalt oder ein Gerichtsverfahren gab es nicht. Per Fernurteil aus Moskau verurteilte ihn ein Sowjetisches Militärtribunal wegen »Spionage und Bildung oppositioneller Gruppen« zu fünfzehn Jahren Arbeitslager.

Von Jüchen musste im sibirischen Lager Workuta unter härtesten Bedingungen Kohle abbauen. Viele Häftlinge starben in diesem Gulag an Hunger und Krankheiten. Von Jüchen ließ sich nicht unterkriegen. Als Jugendlicher hatte er in seiner Heimat in Gelsenkirchen im Bergbau gearbeitet. Diese Erfahrung half ihm wohl, seine Kräfte richtig einzuteilen. Hinzu kam sein unbedingter Überlebenswille. Nach fünf Jahren Schwerstarbeit wurde er 1955 entlassen. Reden konnte Aurel von Jüchen kaum noch. In den sibirischen Lagerjahren hatte er irreparable Stimmband-Schäden erlitten. Es hatte ihm buchstäblich die Sprache verschlagen.

Jüchen ging nach West-Berlin und wurde zuerst Presse-, später Gefängnispfarrer. Im Kalten Krieg der sechziger Jahre schrieb er in zahlreichen Büchern gegen das Lagersystem der Sowjetunion an. Anfang der siebziger Jahre betreute er als Gefängnisseelsorger mit Brigitte Asdonk, Monika Berberich und Ingrid Schubert die erste Generation der terroristischen RAF in Berlin-Tegel. In seinen Briefen grüßte er die Frauen stets mit den Worten: »Meine feindlichen Freunde!«

Der streitbare Pfarrer erlebte noch den Untergang der DDR und den Wahlsieg der CDU. Das eine freute ihn, das andere ärgerte ihn. Nur wenige Monate nach der deutschen Einheit starb er im Alter von 88 Jahren. Für seine Tochter Edith, die mittlerweile nach Schwerin zurückgekehrt ist, war ihr Vater kein Held. Aber ein Mensch mit Haltung. »Was ihn auszeichnete: Er hatte sich bis ins hohe Alter Fröhlichkeit und Kampfgeist bewahrt. Das habe ich so noch nie erlebt. Und er hatte einen unerschütterlichen Glauben an Gott.«

Der »Herr Pastor«, der nur seinem Gewissen folgte, hinterließ fast fünfzig Buchtitel und eine einfache Botschaft: »Fürchte dich nicht.« In der Todesanzeige hieß es: »Die Schwachen kämpfen nicht. Die Stärkeren kämpfen vielleicht eine Stunde lang. Die noch stärker sind, kämpfen viele Jahre. Aber die Stärksten kämpfen ihr Leben lang. Diese sind unentbehrlich.« Dieses Zitat stammt nicht aus der Bibel. Es ist von Bert Brecht.

Die Kirche von Herzdorf konnte erst nach der Einheit mit viel Liebe zum Detail saniert werden. An Pastor Jüchen erinnert nichts – nicht einmal eine Gedenktafel.

Todesmarsch

Wilhelm König rutscht auf seinem Stuhl hin und her, er wird unruhig. Seine Frau hat ihn gerufen, die Geburtstagsgäste seien da, er solle endlich kommen, das seien schließlich seine Gäste. König verdreht die Augen, drückt mir einige Blätter einer Chronik in die Hand, die er mit einem Kollegen, wie er sich ausdrückt, aus dem Nachbardorf verfasst hat. Darauf steht: »Die Geschichte des Todesmarsches.« Er ruft nach unten: »Komme gleich!«

Es fasziniert mich, wie an diesem kleinen Dorf die großen Tragödien des letzten Jahrhunderts vorbeigezogen sind wie in einem Theaterstück. Ich beschließe, seine Aufzeichnungen so schnell wie möglich zu lesen und weitere Zeitzeugen zu suchen, solange es sie noch gibt.

Und ich werde fündig.

Es war ein Montag mit typischem Aprilwetter. Sonne folgte im munteren Wechsel auf Regen. An diesem 23. April 1945 drangen merkwürdige Geräusche von der Landstraße in die Stuben der Herzdorfer. Das Klappern von Holzpantinen der endlosen Marschkolonnen zu jeweils fünfhundert Mann, die sich am Dorf vorbeischleppten. Die SS verfolgte ihren letzten teuflischen Plan. Über dreißigtausend KZ-Häftlinge aus Sachsenhausen sollten bis an die Ostsee getrieben werden, um dort auf Schiffen versenkt zu werden. Am 29. April 1945 konnten die Überlebenden in Mecklenburg befreit werden.

Der damals 51-jährige Reinhold Heinen aus Düsseldorf quälte sich schlürfend im Block der Politischen über die Chausseen in Richtung Norden. Seit zwei Tagen waren sie unterwegs, begleitet und bewacht zum größten Teil von ehemaligen Mitinsassen, denen man Knüppel und Macht für die Zeit des Marsches übertragen hatte. Das schmerzte Heinen besonders. Vier Jahre Konzentrationslager in Sachsenhausen hatte der frühere Chefredakteur des *Aachener Volksfreunds* überstanden. Er wollte leben. Er wollte auf keinen Fall noch in den letzten Stunden in einem Straßengraben enden. Heinen hatte sogar noch die Kraft, auf Papierresten Tagebuch zu führen. An diesem Montagabend notierte er:

»Steif, missmutig, kein Wasser. Kein Kaffee, nichts Warmes. Wir marschieren, machen vor dem Dorf an der Bahnstation Halt, kochen ab und warten. Regenschauer wechseln mit Sonnenschein. Dann Quartier gesucht. In einer Seitenstraße in einer Siedlung. Wir werden in zwei Gruppen à 250 Mann aufgeteilt. Unsere Gruppe in eine Scheune, sehr sehr eng, aber es geht. Am Nachmittag, der marschfrei ist, kann man sich säubern, rasieren, hinlegen, schlafen. Aber die Enge ist zu groß. Einer muss über den andern klettern. Auf den 6 km, die wir zurückgelegt haben, zählte ich 12 Tote im Straßengraben; darunter einen Holländer. Ein Mann lag noch mit dem Genickschuss lebend und verdrehte die Augen, verfolgte unseren Marsch mit seinen Blicken. Am Eingang zum Dorf zu anderer Seitenstraße soll dann noch ein 13. ein Pole umgelegt worden sein und zwar durch einen SS-Mann, der einige Tage vorher noch Häftling war. Ein bekannter früherer Blockältester erzählte mir das. Also 13 Opfer an einem Tage.«

Heinen überlebte den Todesmarsch. Er gründete nach seiner Rückkehr im rheinischen Düren die örtliche CDU.

Tagelang hörten die Herzdorfer dieses gleichförmige Tak-Tak, dieses vieltausendfache Klappern schlurfender Holzpantinen. Alfred Prignitz stand damals als zwölfjähriger Bauernjunge hinter dem Zaun des elterlichen Hofes. Er konnte seinen eigenen Augen nicht trauen. Noch heute ist er empört: »Hier an der Ecke. Keine hundert Meter entfernt sind zwei oder drei erschossen worden. Das haben die Kinder alles gesehen. Die Leute, die da liegen. Sie wurden später eingescharrt, muss man mal so sagen.« Der heute Achtzigjährige stockt und sucht nach den passenden Worten: »Eine Katastrophe war das. Mit Vieh geht man beim Treiben sorgsamer um.« Der alte Mann schüttelt den Kopf.

Peter Glimm war acht Jahre alt, als die Todgeweihten vorbeizogen: »Ich sehe heute noch die Bilder dieser ausgemergelten Menschen und höre den eigenartigen Klang, den die vielen Holzschuhe auf dem Kopfsteinpflaster erzeugten, den Klang eines eintönigen Höllenmarsches.« Einen Tag zuvor hatte er etwas Merkwürdiges bemerkt, über das im Dorf später nie mehr gesprochen werden sollte. Als wäre es nie passiert. »Am Nachmittag verbreitete sich im Dorf eine Nachricht, die besonders uns Jungen sehr neugierig machte. Es hieß, auf unserm Acker lagern viele Sträflinge. So nannten wir damals Gefangene mit den grau-blau gestreiften Anzügen.«

Peter schlich über den Hof, den Schuppen entlang zu den Sträflingen. »Auf unserem Acker sah ich ein Gewimmel weiblicher Sträflinge, bewacht von bewaffneten SS-Frauen. Die Gefangenen waren emsig damit beschäftigt, sich Kochstellen anzulegen. Inzwischen war ich nicht der einzige Junge auf dem Acker. Auch die Brüder Messow und andere waren eingetroffen und machten sich beim Kochstellenbau oder mit dem Herbeischaffen von Brennholz nützlich. Wir erhielten jeder für die Hilfe ein Stückchen Schokolade von den Frauen. Die Bewacherinnen griffen nicht ein, sondern tolerierten unser Tun und das der Frauen.«

Die KZ-Frauen schenkten den Dorfjungen ein Stückchen Schokolade. Wie war das möglich? Peter Glimm: »Noch lange Jahre später bewegte mich die Frage, wie diese geknechteten und streng bewachten Frauen zu Schokolade gekommen sein konnten. Damals wusste ich noch nicht, dass zum Beispiel Schweden von den Nazis die Erlaubnis erhalten hatte, Solidaritätspakete des Internationalen Roten Kreuzes in einige KZ zu liefern. Vielleicht stammte daher die Schokolade.«

Verstört kehrte der Zweitklässler nach Hause, schlief schlecht, um sogleich am nächsten Morgen nachzuschauen, was aus den Frauen geworden war: »Am folgenden Tag war von den KZlerinnen nichts mehr zu sehen. Sicherlich waren sie in aller Frühe aufgebrochen. Niemand wusste, woher sie kamen und wohin sie gingen. Meine Mutter beauftragte mich, den festgetretenen Acker von den Feuerstellen mit den vielen Ziegelsteinen zu befreien.«

Peter Glimm hegte keinerlei Hass gegen die Sträflinge. Warum auch? Er sah, wie erschöpfte Gefangene, die nicht mehr laufen konnten, unter falschen Versprechungen an den Rand des Dorfes geführt wurden. »Befanden sich diese Gefangenen außer Sicht der Kolonne, hörten wir Schüsse. Zurück kamen die SS-Leute ohne den Häftling. Wer die Leichen, die wir Jungen selbst gesehen haben, dann verscharrte, ist mir entfallen.«

In einer Scheune am Herzdorfer Sandkrug schlug eine der Kolonnen ihr Quartier auf. Irgendwann in der Morgendämmerung fielen weitere Schüsse. Die beiden Opfer in ihrer dünnen Sträflingskleidung wurden nur notdürftig verscharrt. Es waren zwei von insgesamt fünfundzwanzig KZ-Häftlingen, die allein auf den wenigen Metern an Herzdorf vorbei ihr Leben verloren.

Im zwei Kilometer weiter nördlich gelegenen Nachbardorf konnte sich Anfang Mai 1945 Walter Widmer verstecken, ein überlebender KZ-Häftling in Dachau, Buchenwald und zuletzt in Ravensbrück. Er hatte sich im Chaos der Evakuierung des Außenlagers Mirow Ende April absetzen können und in Sicherheit gebracht. Nun sah er aus seinem Versteck den Todesmarsch seiner Leidenskameraden:

»Ein Teil der Bevölkerung zeigte sich sehr entsetzt über das Aussehen und den Gesundheitszustand dieser Menschen. Einige Einwohner hatten Kessel voll Kartoffeln gekocht und trotz Verbot heimlich den Häftlingen übergeben. Aber nicht alle hatten so menschlich gehandelt. Laut sicheren und glaubwürdigen Aussagen, die sich auch bestätigten, sind zwei Häftlinge erschossen worden. Der Vorgang lief folgendermaßen ab: Die Häftlinge versuchten zu fliehen und nahmen den Weg von der Schmiede über den Acker zur Straße. In ungefähr zweihundert Meter Entfernung von der Chaussee wurden die Häftlinge von dem sie verfolgenden Hilfspolizisten hinterrücks niedergeschossen und an der gleichen Stelle verscharrt.«

Ein weiterer Augenzeuge, so entnehme ich den Aufzeichnungen von Hobbyhistoriker Wilhelm König, berichtete erst Jahrzehnte nach Kriegsende über das Schicksal einer Familie, die den Sträflingen geholfen hatte: »Den Häftlingen Lebensmittel zuzustecken war verboten. Aber vor dem Gehöft des Bauern Stabenow, der Vorplatz war damals Eigentum der Gemeinde und nicht eingezäunt, schütteten Frauen gedämpfte Kartoffeln auf die Erde. Häftlinge, die das bemerkten, stürzten sich auf die Kartoffeln; die letzten griffen nach Steinen. Am 1. Mai 1945 wurden die Bäuerin Frieda Stabenow, deren hochschwangere Tochter Käthe, Käthes sechsjähriger Sohn Günther und zwei im Haus untergekommene Frauen aus der Stabenowschen Verwandtschaft in einem kleinen Zimmer des Dachgeschosses erhängt aufgefunden. Der Bauer Gustav Stabenow war schon 1942 gestorben. Wer diese Menschen ermordete und aus welchem Grund, war nie zu erfahren. Man munkelte, SS-Leute könnten Rache geübt haben.«

Pfarrerstochter Edith von Jüchen hatte ebenso Kartoffeln für die Elendsgestalten gekocht. Sie kann diesen Moment bis heute nicht vergessen: »Die zogen bei uns durchs Dorf. Wir hörten die Schüsse. Die KZ-Häftlinge wurden bei uns im Hof einquartiert. Der Pfarrhof war ein riesiges Quadrat. Es wimmelte voller Menschen. Wir kochten Pellkartoffeln. Es waren verhungerte Gestalten. Sie umlagerten uns, bedrängten mich voller Hunger und Gier in den Augen. Ich bekam richtig Angstgefühle. Es waren keine Menschen mehr, sie wirkten wie wilde Tiere. Am nächsten Morgen zogen sie weiter.«

Auch Camilla Horn, eine UFA-Filmdiva, sah den Elendszug der letzten Kriegstage. Sie hatte sich auf einen Hof in der Nähe von Herzdorf zurückgezogen. Die bekannte Schauspielerin wähnte sich dort in Sicherheit. Über ihre Erlebnisse Ende April 1945 schrieb sie: »Das danken wir unserem Führer! Das gleiche Plakat hatte sich auch in dem Wald befunden, durch den der Flüchtlings- und KZler-Strom gezogen war. Im Wald hingen drei Erschossene. Sie hatten sich zu früh und zu laut darüber gefreut, dass dieser ›Scheißkrieg‹ nun bald zu Ende sein würde.«

Schöne neue Welt

»Ich brauche keine Bequemlichkeit. Ich will Gott, ich will Poesie, ich will wirkliche Gefahren und Freiheit und Tugend. Ich will Sünde«, das forderte Sigmund Marx, der Held in Aldous Huxleys Zukunftsroman »Schöne neue Welt«. Alles oder nichts! Sünde statt Langeweile! Huxley siedelte seine Geschichte im Norden von Berlin an. Hans Blumental folgte ein halbes Jahrhundert später seinen Spuren, auf der Suche nach *seiner* schönen neuen Welt. Der Mann hatte sich in dieses flache Nichts unsterblich verliebt. War er auf seine alten Tage sentimental geworden, litt er an Bewusstseinsstörungen, oder war er einfach ein hoffnungsloser Romantiker geblieben?

Er wanderte durch Wiesen und Wälder, verlor sich stundenlang auf einsamen Wegen zwischen struppigen Kiefern, mit ihren hoch wachsenden, tief wurzelnden Stämmen und eigenwilligen Kronen. Es zog ihn an stille, verlassene Seen, in denen sich weiße Wattewolken spiegelten. Er genoss den Geruch von Harz an warmen Sommertagen, den Duft der Pilze, das Aroma der Rapsfelder. Er folgte sandigen Wegen, auf denen der Wind die Spuren verwehte.

Dieser märkische Sand ist weiß und fein. Wenn er durch die Finger rinnt, ahnt man, auf welchem Grund die Menschen dieser Region leben. Auch die Hauptstadt steht mitten in dieser Streusandbüchse. Dieses boomende, hektische, großspurige Berlin, das Abenteurer, Karrieristen wie Glückssucher magisch anzieht. Eine ganze Region auf Sand gebaut, alles ist leicht wie Sandkörner, die im Wind verstreut werden können. Überall hin und nirgendwo.

»Hier ist alles offen, bei uns alles fertig«, schwärmte Blumental gerne, wenn alte Freunde kopfschüttelnd fragten, was er in *Dunkel-Deutschland* nur wolle. Es waren viele Freunde aus dem Rheinland, die seine Sehnsucht einfach nicht verstanden. »Ach, wie schön wäre die Welt ohne Menschen«, pflegte er zu antworten, um aus vollem Herzen zu lachen. Hatte der alte Zyniker Sartre nicht doch recht?

Was treibt ihn an? Wofür steht er? Die einen nennen ihn einen Visionär und Magier, andere halten ihn für einen Schwätzer und Scharlatan, einer, der viel verspreche und nur wenig halte. Blumental winkt ab. Sein Großvater sei ein Mann vom Land, ein richtiger Bauer gewesen. »Ich sah mich zeitlebens von der Erde und von der Natur fasziniert und eingenommen.«

Er wuchs in Westfalen auf. Sein Vater war in der Weimarer Zeit Lehrer und viele Jahre arbeitslos. Der junge Hans hatte keine einfache Kindheit. Er war ein echtes Kriegskind. Sein Bruder spielte mit dem besten Freund in den Ruinen, fand eine Waffe und zielte auf den Freund – aus Spaß. Ein Schuss löste sich. Der Freund war sofort tot.

Hans Blumental wollte die Gräuel vergessen, er flüchtete in die Natur. So absolvierte er Anfang der fünfziger Jahre eine Lehre als Gärtner und Blumenbinder. Dann studierte er Landschaftsarchitektur.

In den Wirtschaftswunderjahren gab es viel zu tun. Die Republik wollte sich herausputzen. Ein vorzeigbarer Garten entwickelte sich zum Statussymbol. So plante, gestaltete und entwarf er Gärten, Parkanlagen, Landschaftsräume und Gartenschauen wie am

Fließband. Die Aufträge wurden anspruchsvoller und internationaler, schließlich reiste er in der ganzen Welt umher. Nach Privatgärten in Südtirol konzipierte er große Außenanlagen auf Formentera, später in England. Er verschönerte die deutsche Botschaft im saudi-arabischen Riad, gestaltete die Anlagen der Deutschen Schule in Rom. Er verwandelte den Luisenpark in Mannheim und erneuerte die Außenanlagen am Berliner Schloss Bellevue. Für Helmut Schmidt kümmerte er sich um den genauen Standort der Henry-Moore-Plastik *Large Two Forms* im Bonner Kanzlergarten, nachdem der Kanzler zuvor noch eine Weltkugel als Skulptur vor seinem Fenster abgelehnt hatte. »Da kommt Moore hin. Das war seine Entscheidung«, unterbricht Ehefrau Linda ihren Mann voller Gattinnen-Stolz. »Das war er. Mein Mann hat viel bewegt!«

Schließlich erhielt er als Chefplaner den Auftrag seines Lebens, die gesamte Bundesgartenschau in Düsseldorf 1987 zu entwerfen. Der Lehrersohn aus Bochum verstand sich als Visionär, als einer, der in der Lage ist, der Welt seinen Willen aufzuzwingen. Er versuchte sich in drei Ehen. Setzte vier Kinder in die Welt, eines davon blieb behindert, für seine Familie hatte er selten Zeit. Stabile Beziehungen waren nicht seine Sache. Dafür fehlte ihm die innere Ruhe. Über die Ehe als

Daseinsform zitierte er einmal genüsslich Winston Churchill: »Verheiratet zu sein ist zuweilen ein zweifelhaftes Vergnügen«.

Er war Mitte fünfzig, als er die Chefhostess der BUGA in Düsseldorf kennenlernte. Es funkte zwischen den beiden. Sie fuhr einen Audi, erzählt er feixend, damals ein braves Beamtenauto. Als sie eines Tages mit einem sportlichen Zweisitzer auftauchte, merkte er, dass sie sich ernsthaft für ihn interessierte. Linda ist Holländerin und eine Dame von Welt, die mit sicherer Hand das Heer der Hostessen dirigierte und sich auf alle Spielarten des Protokolls verstand. Sechs Wochen vor dem Fall der Mauer heirateten sie in Düsseldorf. Es war seine dritte Ehe. Als die Mauer fiel, lag Linda Blumental mit Krebsbefund im Krankenhaus. Sie überstand die schwere Zeit und erholte sich. Wenn das kein Signal war? Das Leben ist viel zu kurz, sagten sie sich, man sollte es täglich neu wagen. Sie adoptierten einen Jungen und schmiedeten Pläne.

Stunde null

Auf einem Hügel vor Herzdorf hatten Volkssturmleute Gräben ausgehoben. Eine SS-Kompanie übernahm am 29. April den Hügel, während die meisten Wehrmachtssoldaten ihre Waffen einfach in den nächsten See warfen und bei den Bauern um Zivilkleidung bettelten. Wer konnte, floh gen Westen. Wie ein Spuk verschwanden am nächsten Morgen die SS-Männer. Viele Einheimische verließen mit ein paar Habseligkeiten ihre Höfe und suchten Schutz in den Wäldern. Einige kämpften sich bis zur Elbe durch, in der Hoffnung, dort auf »Amerikaner« zu stoßen.

Der 1. Mai 1945 war ein zauberhafter, warmer Frühlingstag. Der Himmel blau, die Natur auf dem Vormarsch. Am Vormittag überlegten die Ersten im Dorf, weiße Flaggen zu hissen, doch aus Furcht vor versprengten SS-Männern traute sich niemand. Gegen Mittag beschossen sowjetische Tiefflieger einen Güterzug am Bahnhof. Der Lokomotivführer sei tödlich getroffen worden, hieß es. Wilde Gerüchte machten die Runde, der Reichsrundfunk hatte seinen Betrieb eingestellt. Hitler sei tot, wurde getuschelt, die Russen würden jeden männlichen Erwachsenen liquidieren und alle Frauen vergewaltigen. Ein paar Tage zuvor hatte der Kreisleiter noch Handzettel verteilen lassen, auf denen zum bedingungslosen Widerstand aufgerufen wurde. »Standhaft und treu bis zum letzten Blutstropfen.«

Am Nachmittag fielen in der Ferne vereinzelt Schüsse. Die Rote Armee rückte auf der Landstraße von Nordosten an. Es waren Männer des 212. Regiments der Rigaer Rotbanner-Gardeschützen. Die hastig ausgegrabenen Stellungen des Volkssturms am Dorfrand waren aufgegeben worden. Gegen siebzehn Uhr, einige im Dorf behaupten, es sei einen Tag später gewesen, tauchten die ersten sowjetischen Soldaten auf. Der damals zwölfjährige Alfred Prignitz sah den Einmarsch der Sieger: »Sie kamen von Norden die Straße hoch. Ein paar Kavalleristen. Drei Reiter waren das konkret. Bei uns war das so wie heute: Das Tor war offen. Dann haben sie auf den Hof geguckt und dann wieder runter. Die haben nichts gesagt und nichts gemacht. Nachher kamen größere Truppen mit Fahrzeugen. Aber die Ersten waren die Kavalleristen.«

Die Rotarmisten zogen auf Pferden und Panjewagen stumm durch das Dorf. Erst Soldaten der zweiten Welle holten die Einheimischen aus Häusern und Kellern und befahlen ihnen, in einer Linie anzutreten. Die Soldaten wollten Beute machen, verlangten Uhren, fragten nach Schmuck oder Radioapparaten.

Einen Eisenbahner in Uniform, den sie für einen Nazi hielten, nahmen sie mit. So schnell wie sie auftauchten, waren sie auch wieder verschwunden.

Dann war es vollkommen still, still wie nie zuvor. Keine Tiefflieger, keine Panzer, keine Soldaten mehr auf der Straße. War das der Frieden? Die Menschen kannten Alarm, Arbeitsdienst, Durchhalteparolen, Feuerlöscher, Führerreden, Kommandos, Mundhalten und Marschmusik. Kreisleiter, Ortsbauernführer, Gutsverwalter und alle anderen kleinen und großen Nazis hatten sich in nichts aufgelöst. Wie vom Erdboden verschluckt. Als wäre nichts gewesen. Am Tag darauf besetzte ein kleines sowjetisches Kommando das Schloss, hisste die rote Fahne und feierte ausgelassen die ganze Nacht hindurch.

Was wird nun? Wie geht es weiter? Die alten Herrschaften waren weg. Zwei Jahrhunderte lang hatten die Königsmarcks im Dorf das Sagen gehabt. Ihr letzter Vertreter, der giftige Gutsverwalter, war über alle Berge. Der neue Schlossherr trug eine feldgraue Uniform, sprach gebrochen Deutsch und hinterließ keinen bleibenden Eindruck. Es war ein sowjetischer Major, der gerne Wodka trank und alles Essbare im Dorf beschlagnahmen ließ. »Fürrr meine Männerrr der Garnison.« So wanderten die letzten Kühe, Schweine und Hühner in hungrige russische Soldatenmägen.

Das große Gut wurde über Nacht für volkseigen erklärt. »Junkerland in Bauernhand«, verkündete die neugegründete Partei der Kommunisten. Es wurde beschlossen, das Schloss als Materiallager sinnvoll zu nutzen. Die Genossen verkündeten: »Wir brauchen keine Schlösser und Burgen, wir brauchen Arbeiterwohnungen!« Ein neues, besseres Herzdorf sollte erblühen.

Henry Schütt, heute Kneipenwirt im früheren Schloss, meint, das Gebäude habe man abgetragen, »weil es die Russen so wollten. Das ganze Haus sollte abgerissen werden. Doch das Haus war voller Flüchtlinge, die hier untergekommen waren«.

Nachbar Arno Walter, der als Flüchtling aus dem Osten kam, erinnert sich etwas anders: »Der Abbruch war erst im Frühjahr 1947. Da hat man die Zinnen heruntergerammt, dass es nicht mehr schlossähnlich aussah. Es war purer Blödsinn. Das war der Zeitgeist.« – »Tatsächlich?«, frage ich. Walter zögert an seinem Küchentisch, bleibt dabei, das hätten die Herzdorfer allein »verbrochen« und nicht *der Russe*, der sei schon weg gewesen.

Wie und wann auch immer: Die Dörfler brachen das Schloss in der Mitte auseinander und verteilten das Material an dankbare Abnehmer. Herzdorf baute auf den Steinen der Königsmarcks die neue Zeit auf, ob Altbauern oder Umgesiedelte, die ihr neues Dach über dem Kopf zusammenzimmerten. Das Schloss diente als volkseigener Steinbruch. Türen, Fenster, Fliesen, Öfen und Ziegelsteine wechselten den Besitzer, das Adelsanwesen schrumpfte um die Hälfte. Fortan pfiff ein kalter Wind durch das halbe Schloss, das seine neuen Bewohner nur noch notdürftig vor den harten Herzdorfer Wintern schützte. Das Schloss existierte nicht mehr. Nun hieß es Gutshaus. Aber nicht nur das Schloss wurde halbiert, auch viele der jahrhundertealten Eichen auf der Dorfstraße fielen der Neuen Zeit zum Opfer. Sie wurden gefällt, um Platz für den Neuanfang zu schaffen. Nichts, aber auch gar nichts sollte an die Grafen von Königsmarck erinnern. Nicht einmal die »herrlichen« Eichen, die sie einst hatten pflanzen lassen.

Wilhelm König gerät in Eile. »Ich muss jetzt zu meinen Gästen. Wo hatte ich, verflixt noch mal, die Kopien mit den Urkunden von der Bodenreform?« Der pensionierte Lehrer hat zu jeder Phase der Geschichte seine Dokumente und eine genauso feste Meinung. Die Sache mit dem Schloss war eine Dummheit, meint er. »Das hätte man ganz abreißen sollen. Das hat doch keinen Sinn gemacht. Es ist ja nie wieder aufzubauen, wie es einmal war. Wer soll das bezahlen? Die Königsmarcks haben sich überhaupt nicht mehr darum gekümmert. Das war ein gewaltiges Haus. Unwahrscheinlich dicke Mauern. Man sprach von einer Festung. Feste Herzdorf.« Punkt. Aus. Schluss. König klappt seinen Ordner, Band drei, zu. »Noch Fragen?«

Ich bedanke mich und wünsche einen angenehmen achtzigsten Geburtstag.

In der Küche von Marie Herres dampft der Rotkohl. Ihr Sohn wird unruhig. Die Mutter zeigt sich unbeeindruckt. »Hören Sie zu!«, fährt sie fort. »Ein Jahr lang habe ich als Flüchtlingsmädchen im Gutshaus gehaust, bis 1946. Das war keine schöne Zeit.« Sie sei gerade sechzehn gewesen, als sie an ihren künftigen Ehemann, einen angeblich tüchtigen Landwirt aus dem Dorf, geriet. »Ich muss es so sagen: Ich wurde von meinem Vater und meiner Schwiegermutter da reingezogen. Das war eine Verkupplung. Ich wurde nicht gefragt.«

Weint sie etwa? Nein, das würde Marie Herres nie tun. Sie schaut mit leerem Blick ins Nichts. Man musste sich als Flüchtling arrangieren. Die Menschen hungerten, manche verhungerten, so waren die Zeiten. Mit der Bodenreform sollte alles besser werden.

Sogar Adelheid von Dojmi aus Berlin, eine aufs Land geflüchtete Schauspielerin, erhielt ein Stückchen Land, dazu eine schmucke Siedlerurkunde. Es war die

Zeit, als viele aus den zerstörten Städten kamen. Als Fremde im Dorf einen Neuanfang wagten. Aber wie man eine Harke benutzt, das wusste die Schauspielerin nicht, sagt Marie Herres und schüttelt den Kopf.

Die Propaganda für die Neue Zeit kam auf Touren, doch die Reform machte niemanden satt. In den ersten Monaten funktionierte fast nichts. Altbauern waren geflohen. Flächen zu klein. Geräte und Technik fehlten, nötige Investitionen konnte sich keiner der neuen Landbesitzer leisten. Schon eine Kuh war ein kleines Vermögen wert. Die Schauspielerin aus Berlin verschwand bald wieder, auch andere gaben auf. Aus der schönen Idee erwuchsen rasch Mangel, Neid und Misswirtschaft.

Not trieb die Menschen in die Wälder von Herzdorf. Manche Männer gingen wieder heimlich auf Jagd. Mit einer Harke aber ließ sich das Wild nicht beeindrucken. Der fünfzehnjährige Heinz Müller fand einen alten Wehrmachtskarabiner und Munition. Seine Beute versteckte er; Waffenbesitz stand unter strengstem Kriegsrecht. Denn die Angst der Siegermächte vor *Werwölfen* war groß. Sie fürchteten fanatische Einzelkämpfer oder aufgehetzte Hitlerjungen. Das wurde Heinz zum Verhängnis. Das Jagdglück währte kurz. Ein Förster, der selbst keine Waffe besitzen durfte, soll den Jungen gemeldet haben. Heinz

Müller wurde 1947 festgenommen und ward nie wieder im Dorf gesehen.

Die Küchenuhr tickt. Marie Herres wirkt müde und erschöpft, aber eines will sie doch noch loswerden. Das Leben habe es nicht gut mit ihr gemeint. Vielleicht sei sie nicht die beste Melkerin gewesen, aber sie habe acht Kinder großgezogen. Ihr Mann konnte einen Hof nicht führen, sei ein Totalausfall gewesen. Ständig litt er an Krankheiten, trank, verlor ein Bein und starb früh. Marie Herres atmet tief durch. Über sechzig Jahre sei sie nun hier und fühle sich doch so fremd.

Ich will es kaum glauben. So ein Dorf hat eigene ungeschriebene Gesetze. Wer hier neu anfängt, lernt sie eines Tages kennen. Meist ist das sehr schmerzhaft. Einheimisch wirst du vielleicht in der zweiten oder dritten Generation, meint Marie Herres.

Am Ende antwortet sie kurz und knapp: »Ich bin nicht freiwillig hier. Wir hatten ein so schönes Haus in Steinwehrsruh. Dort ist mein Zuhause. Dort will ich begraben werden.«

III Der Kuss

Unglaublich. So viel Exotik war nie. Hans Blumental fühlte sich wie ein Forscher im Amazonasgebiet. Die Menschen in den »Fünf Neuen Ländern«, so hieß die DDR im Bonner Verwaltungsdeutsch, sprachen die gleiche Sprache, doch Blumental verstand vieles erst einmal gar nicht. Die Grenze hatte durchaus mehr getrennt als zwei Systeme, die sich angeblich wie Feuer und Wasser gegenüberstanden. So hatten die Genossen ihr Mauerwerk für das Menschheitsexperiment Sozialismus zuverlässig verteidigt.

Blumental lernte in *Neufünfland* die sprachlichen Feinheiten und Fallstricke. Die ostdeutsche *Kaufhalle* war der Supermarkt, der *Blaue Würger* ein Fusel gegen den Frust mit blauem Etikett und solider Wirkung. Die *Zweiraumwohnung* verfügte über zwei Zimmer, mit *Othello* war eine Schokokekssorte aus Cottbus gemeint und keineswegs der Held von Shakespeare. Der Wortschatz der Blumentals erweiterte sich ebenso wie ihre Ost-Kompetenz.

Bald ging ihnen *Kosmonaut* statt Astronaut leicht über die Lippen, und sie legten den Hörer nicht auf, wenn nach langen Anrufversuchen bei einer Behörde eine Stimme am anderen Ende knapp »Teilnehmer? Was wollen Sie« militärisch in den Hörer bellte. Sie lernten den Vorteil zu schätzen, dass sie in diesem kleinen Ost-Land auf den Autobahnen jederzeit wenden konnten, falls sie sich einmal verfahren hatten. Leitplanken gab es nicht, genauso wenig wie ein funktionierendes Telefonnetz oder Hotels, die diesen Namen verdienten.

Es war reiner Zufall, der die Blumentals nach Neuruppin führte, eine Autostunde nördlich von Berlin gelegen. Mitte Mai 1990 reisten sie zum ersten Mal in die Kleinstadt, ein Beatmungsgerät für das örtliche Krankenhaus im Kofferraum. Hans Blumental hatte mit seinen Düsseldorfer Rotariern Spenden eingesammelt. Jeder hatte immerhin fünfhundert Mark gegeben – als Starthilfe, um die kranken Brüder und Schwestern mit Sauerstoff zu versorgen: »Das hat mich so fasziniert, dass ich nicht zurückstehen mochte. Ich wollte unbedingt mit dabei sein, wenn die Freunde nach Neuruppin fahren.«

Auf den ersten Blick war Neuruppin eine übersichtliche Kleinstadt mit einem lustigen Namen, der preußischer und provinzieller nicht klingen konnte: Neuruppin! Auf jeden Bürger kam ein Russe. Die Sowjets hatten in dem Dreißigtausend-Einwohner-Städtchen eine ihrer größten Garnisonen in der DDR ausgebaut, lebten aber in einer geschlossenen Parallelwelt. Die Einheimischen waren märkisch verschlossen. Der DDR-Preuße fasste sich kurz. Es reichten üblicherweise knappe Drei-bis-fünf-Wort-Sätze. In einem Café erlebte ich folgenden Dialog: »Wie geht's uns«, fragt die Kellnerin den Stammgast, der auf Krücken erscheint. »Muss ja«, antwortet dieser: »Fliegen geht nicht mehr.«

Taten zählen mehr als Worte, Hand- ist wichtiger als Kopfarbeit. »Nicht rumlabern, ranklotzen.« Beeindruckender als jede Rede sind Hammer oder Schraubenzieher, auf jeden Fall jedoch die Kreissäge. Was Anerkennung verschafft, ist geduldiges, stilles Arbeiten. Endlose Debatten sind etwas für die Städter. So herb die Landschaft, so spröde die Menschen. Die Blumentals staunten, lachten, wunderten sich. Dennoch reizte sie das Unbekannte: Sie wollten helfen. Etwas für die Einheit tun. Es sind ja Landsleute. Nicht nur reden, sondern ackern.

Als Hans Blumental gefragt wurde, ob er bei der Außengestaltung eines Altenheimes helfen könnte, weil man sich mit dem bundesdeutschen Baurecht nicht auskenne, fühlte er sich in die Pflicht genommen. Er sagte zu. Gut, das eine Mal könne er als eine Art Aufbauhelfer mitwirken. So suchten und fanden sie eine Bleibe, richteten ein kleines Büro ein. Düsseldorf blieb die Zentrale. Der Ost-Einsatz sollte befristet sein, höchstens auf ein paar Monate.

Als es im Winter 1990 kalt wurde, versank Neuruppin in einer dicken Braunkohlesuppe. Es stank erbärmlich. Währenddessen übte die Rote Armee weiter den Ernstfall mitten in der Stadt. Jagdflieger donnerten im Tiefflug über den städtischen Friedhof, um über den Köpfen der von ihnen zu verteidigenden, nunmehr vom Gegner befreiten Menschen hinweg Einsatzbereitschaft zu demonstrieren. Man verstand sein eigenes Wort nicht mehr. Im Städtchen zog die Demokratie ein. Führungspersonal und Straßennamen wurden ausgetauscht, Karl Marx nach heftigen Debatten vom Sockel geholt und in eine Seitenstraße abgeschoben. Wo es ging, montierten die Bürger neue Schilder, schmückten sie mit bunten Fähnchen, die für gebrauchte Westautos, Lebensversicherungen oder Currywurst warben. Die wenigen Gaststätten und Cafés schminkten sich auf, nahmen Cola und Warsteiner ins Sortiment, obgleich es weiter *Kaffee komplett* gab, mit Kondensmilch und Zucker. Was denn sonst? *Cafè Latte* hielten die Einheimischen für eine schaumschlagende italienische Verwirrung. Es war doch nicht alles schlecht.

Hans Blumental reibt sich die Hände. Tja, so war es damals. »Wir wollten helfen.« Ehefrau Lindas Augen signalisieren Distanz. Mark Brandenburg. Zauber des Anfangs? Was sollte daran reizvoll sein? Sie hätten wohl besser nach Leipzig, Dresden oder wenn-es-schon-sein-musste Weimar gepasst. Klangvolle Namen, die für deutsche Kultur und Bildung standen. Linda räuspert sich: »Ich wollte erst einmal gar nichts.« Dann lacht sie ein spottgewürztes Lachen. Der Osten war ihr so fern wie der Mond. »Ich wollte zuhause bleiben und einfach da, wo ich war, weiterleben. Mein Zuhause war in Nordrhein-Westfalen. Mein Mann und ich hatten ja erst 1989 geheiratet.«

Hans Blumental scheint zu überlegen, wie er in dieser Situation reagieren soll. Dann sagt er: »Meine Frau ist da anders gestrickt, und ich habe sie tatsächlich, wenn ich das heute so sagen darf, missbraucht. Ich habe mich in die Kirche, in die Region verliebt. Ich hatte mein Sendungsbewusstsein. Da kommt so viel zusammen, was Kindheitserlebnisse und Berufliches ausmacht, dass ich von dieser ganzheitlichen Idee beseelt war.« Seine Augen leuchten. »Jeder war motiviert. Es war eine neue Zeit angebrochen. Wir wollten einfach ein gewisses Knowhow vermitteln, rüberbringen. Es ging schließlich um das Öffnen in Richtung Westen – vom Osten her gesehen.«

Der rote Förster

Die Blumentals waren nicht die Einzigen, die sich bei ihren Ost-Expeditionen bis in die entlegensten Regionen wagten. Immer häufiger tauchten selbst in Herzdorf Westautos mit fremden Kennzeichen auf. Manche Insassen stiegen aus und fotografierten, die meisten wendeten spätestens am *Lager* und verschwanden so schnell wieder, wie sie erschienen waren.

Einige kamen wieder. »Die ersten Wessis waren Viehhändler aus Niedersachsen. Es war wie im Wilden Westen. Die Fleischaufkäufer fuhren übers Land, kamen mit ihren riesigen LKWs. Sie zahlten sofort und in bar. Unsere LPG-Bauern ließen sich einfach flachlegen. Kein Wunder, da lockte die D-Mark. So waren die Preise ganz schnell im Keller. Von tausend Mark runter auf hundert Mark für ein Schwein.«

Gregor Günther, Anfang fünfzig, rührt mit einem langen Löffel in seinem Milchkaffee. Mit achtzehn war er Genosse geworden, stand dann mit der Waffe an der Grenze, studierte Forstwirtschaft, wurde Revierförster. Rasch erkannte er, dass mit dem alten System kein Staat mehr zu machen war. Er baute einen Forstbetrieb auf, ließ sich für seine Partei in den Kreistag wählen.

Mittlerweile kämpft er gegen Holzdiebe und Windräder, die sogar im Wald aufgestellt werden sollen.

Die »friedliche Revolution«, das Bürgerrechtler-Wort, geht ihm nur mühsam über die Lippen. Wozu eine Revolution, fragt Günther. Wogegen sollten Bauern demonstrieren? Gegen sich selbst? »Die DDR war das Land der kleinen Leute, ein richtiger Arbeiter- und Bauernstaat.« Günther spreizt das Wort Bauernstaat genüsslich. Es soll wohl ironisch klingen. Er rührt wieder in seiner Milchkaffeetasse, zündet ein Zigarillo an und bläst lustige Rauchkringel in die Luft.

»Wozu auch?«, wiederholt er. Revolutionen seien ein einfaches Rechenexempel. Umbrüche, ob friedlich oder gewaltsam, fänden nur statt, wenn die unten nicht mehr wollen und die oben nicht mehr können, wie sie wollen. Klar. Die meisten hätten ständig über den Sozialismus gemault, keine Frage. Aber zu welchen Zeiten geschehe das nicht, vielleicht im Himmel? »Gehen Sie mal heute zu den Leuten. Was Sie da zu hören bekommen, da wird Ihnen ganz anders!« Er kenne kaum jemanden, der die Einheit bejubelt habe. – »Warum das?«, frage ich nach. – »Ganz einfach. Die Leute hatten Angst um ihr Einkommen. Es ging ihnen doch gut. Wir hatten auf dem Land viele Subventionen. Für ein Schaf gab es im Jahr 534 Mark extra. Einfach so.«

Das müsse man sich mal vorstellen, rechnet er vor. Für ein Schaf 534 Mark nebenbei. Kaum Aufwand, praktisch ein Rasenmäher auf vier Beinen. Fressen könnten Schafe alleine. Zugegeben, der Preis für die Subventionen sei für den Staat hoch gewesen, vielleicht zu hoch. Die DDR litt an Kapitalmangel. Investiert wurde nichts. Das habe den Untergang beschleunigt, auch in Herzdorf. »Es war das verkommenste Dorf weit und breit. In einem grauenvollen Zustand.«

Günther scheint in seinem Element, sagt, seit 1945 habe es keinerlei Investitionen mehr im Ort gegeben. Die Höfe der Einzelbauern verfielen. Was blieb, waren Schafe. In den verlassenen Scheunen stand der Schafsdung mitunter mannshoch, teilweise über zwei Meter. »Unvorstellbar.« So hatte auch der letzte Chef der Herzdorfer LPG-Tierproduktion Walter Wild in dieselbe Kerbe geschlagen. »Es war eine Katastrophe. Das war wirklich – wie haben wir immer gesagt? – Klein-Sibirien. Das Schlimmste, was man jemandem zumuten konnte.« Im Juni 1969 läutete die DDR-Denkmalpflege das Sterbensglöckchen für die klassizistische Gutskirche ein. Da hieß es in einem Gutachten kurz und trocken, das Gotteshaus sei »in Verfall« und »soll nicht erhalten werden«. Es war damit zum Ausräumen freigegeben worden. Gregor Günther: »Die Kirche war eine offene Ruine. Jeder bediente sich. Für siebentausend Mark war sie zu haben. Aber keiner wollte sie. Die Abrissgenehmigung lag längst vor.«

Der Gutspark sei im Laufe der Jahrzehnte verkommen. Es habe wie auf einer russischen Kolchose ausgesehen. Nur ein paar Schafe grasten. Aber das für 534 Mark Zusatzeinkommen. »Herzdorf war ein totes Nest, selbst für DDR-Verhältnisse. Es gab keinerlei Perspektive. Hätte die DDR weiterexistiert, wären heute zwei Drittel abgerissen oder völlig verfallen.« Das ehemalige Gutsdorf sei ein Stiefkind der Partei gewesen. Warum auch immer, vielleicht, weil hier so lange der Adel regiert habe. Günther will nicht mehr über die Vergangenheit oder die Verfehlungen des Kommunismus reden. Er hat Lust auf Gegenwart: »Wollen wir uns einen schönen Chardonnay leisten?« Gregor Günther schaut mich einladend an. »Es gibt sogar einen aus dem Saale-Unstrut-Tal. Von uns. Das ist ein ehrlicher Wein.«

Abwarten

Mal sehen, was die neue Zeit so bringt, beschlossen die Herzdorfer. Manche waren in den Westen gefahren, um »mal zu gucken«, wie sie sagten, und »das Begrüßungsgeld einzusargen«. Andere hatten Träume. »Jetzt müssen wir nicht mehr malochen«, meinten zwei Frauen, »ab sofort verdienen unsere Männer tausend Mark in Westgeld.«

Die Herzdorfer machten schließlich das, was sie immer machten: Sie blieben in Deckung. Bloß keine Experimente! Doch der Großversuch Marktwirtschaft war längst im Gange. Hatte einst der Gutsverwalter den Ton angeben, danach die Herren von der Partei, so sollte nun jeder seines eigenen Glückes Schmied sein. Wie das denn?

Ein Betrieb nach dem anderen wurde »abgewickelt«, wie es hieß. Die Herzdorfer Pflanzen-Genossenschaft »Justus Liebig« überlebte die Einheit nur um wenige Wochen. Zur gleichen Zeit, im Winter 1990, schloss der Truppenübungsplatz. Stillgestanden. Zapfenstreich.

Herzdorf war praktisch über Nacht ein Bauern- und Soldatendorf ohne Bauern und Soldaten, die noch in

Lohn und Brot standen. Ein entlassener Traktorfahrer mit krummem Rücken winkte auf meine Frage hin, was er sich von der neuen Zeit versprochen habe, ab: »Ich weiß, wie die Schafe von hinten aussehen.« – »Wie?« – »Es sieht scheiße aus.«

Sein Nachbar trägt noch heute seine Eisenbahner-Uniform, über zwanzig Jahre nach der Entlassung. An besonderen Tagen zieht er sogar die blaue Stoffhose an, zum abgetragenen Eisenbahner-Jackett mit den goldenen Schulterstücken. »Den Anzug habe ich persönlich in Schwerin abgeholt. Bei der Reichsbahndirektion.« Der schmächtige Mann, Anfang fünfzig, überlegt. »War das 1986? Oder war es 1989? Kurz vor Schluss?« Er rechnet nach und macht ein verdutztes Gesicht. Ganz schön lange her.

Seit der Wende hat der Reichsbahner nicht mehr gearbeitet, damals war er Ende zwanzig. Die neue Zeit hatte ihn aufs Abstellgleis geschoben. Er zählt zu den schwer Vermittelbaren, ist einer aus der Statistik der Überflüssigen. Wer braucht noch einen Streckenläufer? Einen, der bei Wind und Wetter die Schienen abläuft. Der jede Schwelle und Schraube kontrolliert und nach Verwerfungen im Gleisbett sucht. »Das macht heute alles der Computer«, sagt der Mann mit den Schulterstücken. Seit über zwei Jahrzehnten macht er ein bisschen ABM hier, ein bisschen Fortbildung dort. Der Rest? Warten und Hartz IV. Hoffnung ist etwas für die anderen. Nur wenn der Streckenläufer von seiner Reichsbahnerzeit erzählt, schwillt die schmale Brust merklich an. Er setzt sich aufrecht hin, nimmt Haltung an und dreht sein kleines Transistorradio leiser. Für Sekunden kehrt ein Hauch von Glanz in seine Augen zurück. Der kleine Eisenbahner mit den dünnen blonden Haaren ist wie sein Dorf: verschlossen, scheu und vorsichtig. »Da kannste eh nichts machen«, ist sein Fazit. »Die neuen Herren kommen und gehen.«

Er bleibt. Jeden Sonntag um zehn besucht er seinen persönlichen Gottesdienst. Das lässt er sich nicht nehmen. »Bei Henry«, dem Kneipenwirt im Gutshaus, trinkt er zwei Bierchen und einen Kurzen. Auf ein paar Dinge im Leben kommt es an. Am verdammt schmalen Eingang muss er nicht wie alle anderen Stammgäste den Bauch einziehen. In der Kneipe hat alles seine Ordnung.

Am Tresen vorne rechts ist Willys Platz. Der Fünfzigjährige hilft im Dorf, wenn Häuser renoviert werden. Er ist einer, der zupacken kann. Im Sommer ist er mit der Sense unterwegs, seine Kaninchen brauchen »Grünzeug«. Geregelte Arbeit? – »Wäre schön.« Richtiges Geld? – »Kannste vergessen. Bin zu alt.«

Willy trinkt sein Bier in einem Zug aus. Wortlos

stellt Henry, der Wirt, seinem Gast ein frisches zu 1,40 auf den dunklen Tresen. Früher kostete die 0,2er Kugel 51 Pfennig. *Früher*, das ist gleichbedeutend mit DDR-Zeit, die später am Abend manchmal liebevoll-lallend »unsere Zone« genannt wird.

Im kleinen, höhlenartigen Schankraum darf geraucht werden. Sicherheitshalber ist der neue Rauchmelder an der Decke mit einer Tüte zugeklebt. Wenn Worte gewechselt werden, reicht das Nötigste. Die Wände in Henrys Reich sind mit Sechserböcken und ein paar Hirschgeweihen zugedübelt, während gelbbraune Gardinen nikotingeschwängert vor neugierigen Blicken Schutz bieten. Ein großer Kachelofen spendet im Winter Wärme. Das Speisen-Angebot ist überschaubar. Es gibt »Bocki«, Bockwurst mit Brot, Knacker oder Bulette. Mit Schnitzel und Salaten hat Henry schlechte Erfahrungen gemacht. Zu viel Aufwand beim Zubereiten, zu viel Verlust bei der Vorratshaltung. Früher kamen die Gäste ab fünf Uhr nachmittags, um ein paar Bierchen zu trinken und zu schwatzen. Überhaupt *früher*. Das Wort hat einen geradezu magischen Klang. Henry Schütt: »Die von der Arbeit kamen, sind eben *früher* nicht nach Hause gegangen.« Fachmännisch ergänzt er, warum: »Wenn sie direkt nach Hause sind, mussten sie zur Frau.«

Schütt hatte seine kleine Kneipe über die schwierigen Wendejahre gebracht, als plötzlich keiner mehr kam. Die Einheimischen kauften ihr Bier im neuen Getränkemarkt. Dafür tauchten andere Leute auf, mit kernigen Sprüchen. Fremde, die keiner kannte und die beim dritten Bier den *Führer* wiederhaben wollten. Henrys Kneipe zog Anfang der neunziger Jahre plötzlich alte und neue Neonazis an. Es war die Zeit, als im Nachwendeland merkwürdige Dinge passierten. Am hellichten Tage! Auf der Landstraße marschierte sonntagmittags eine paramilitärische Truppe in Fantasieuniformen. Sie kamen aus den Wäldern, wo sie für den Endsieg übten. Danach hatten sie Durst. Als Wirt steckte Henry in einer echten Klemme: zwischen möglichem Umsatz und wachsendem Unbehagen. Ihm wurde mulmig zumute. »Das waren ganz Rechte. Nicht mal die Polizei hat sich mehr hierher getraut.« Henry braucht einige Sekunden, um die passenden Worte zu finden. Vielleicht überlegt er auch, ob er mir diese Dinge überhaupt erzählen soll: »Beim letzten Mal kamen fünf Mann an, die wollten einen Geburtstag feiern und wollten von mir dreißig Liter Bier haben. Dann habe ich gesagt: Das stelle ich euch raus, dann könnt ihr draußen dreißig Liter Bier trinken. Da waren nachher fünfzig, sechzig Leute aus Oranienburg hier. Arme tätowiert, so was alles.«

Henry Schütt wurde es zu viel. Vor allem die Jüngeren waren kaum zu bändigen. »Da habe ich sie alle rausgeschmissen. Da hatte ich richtig Angst, dass die wiederkommen.« Er hatte Glück. Sie kamen nicht mehr. Der Spuk war vorbei. Von einem Tag auf den anderen.

Aber der Kneipenwirt will noch auf eine andere Sache hinweisen: »Früher haben wir zusammen gefeiert. Da wurde einer ausgegeben. Heute ist es nur noch so: Kann ich mehr haben als der andere? Alle sind aufeinander neidisch.« Henry schaut mich lange an, dann sagt er noch: »Das Dorf hat sich sehr verändert. Sie sind heutzutage alle gegeneinander, auch die Jüngeren. Schlimm ist das.«

»Die beste Zeit meines Lebens hatte ich im Kinderheim«, ruft mir Willy zu, der Mann am Tresen rechts. »Da haben wir gespielt, gesungen. Ich hatte Freunde. Abends haben wir Faxen gemacht, die Erzieher hinters Licht geführt. Zahnpasta in die Hose und so. Das war eine schöne Zeit.«

»Der alte Drüsow hat Schluss gemacht«, unterbricht einer der Stammgäste das Schweigen der Männer, das sich nach Willys Liebeserklärung an sein Kinderheim verbreitet hat. An diesem Abend sind es drei Gäste, später stößt noch einer dazu. Alle vier gehören zum Inventar wie der Tresenschrank, der »original hundert

Prozent Zone« ist. Einer der früheren Bauern weiß mehr über den alten Drüsow: »Der hat den Abgang gewählt. Mit seinen fünfundachtzig Jahren wollte er nicht mehr. Frau tot, ein Leben auf zwei Krücken, alles tut weh.« Die Männer lauschen dem Bericht. »Den Arsch von einer Pflegerin abwischen lassen, das ist doch kein Leben. Also nahm er sich den Kälberstrick, humpelte auf seinen Krücken in den Stall, machte kurzen Prozess. Die Plagerei hat ein Ende.« Die Männer in der Runde nicken stumm. Sie trinken auf den alten Drüsow. Der hat's hinter sich.

Stulle ist Ende vierzig. Im Dorf ist er nach heutigen Maßstäben ein junger Mann. Das ist ihm egal. Wichtiger ist, dass er wieder zuhause ist. Von Kindesbeinen an erkundete er die hiesigen Wälder, verspeiste Heuschrecken und lernte das Schwimmen im Löschteich. Wenn ihn der Schulbus nachmittags vor der Kirche absetzte, begann die Zeit der Abenteuer: »Das Klettern im Glockenturm war eine absolute Mutprobe.« Stulle faszinierte die alte Kirche der Königsmarcks. »Es gab eine Quietschtüre. Alles war verfault und modrig, in einem schlimmen Zustand. Wir haben uns als Kinder ganz schön gegruselt.«

Stulle mochte als Junge keine Kartoffeln, bekam dennoch Berge davon bei der Schulspeisung vorgesetzt. Sein richtiger Name spiele keine Rolle, sagt der Mann, der seinen Spitznamen wohl nie mehr loswerden wird. Er passt zu ihm. Irgendwie ist er ein großer Junge geblieben. Er lebt in einer Dachkammer, die er als Werkstatt und Tonstudio nutzt. Seine Hände müssen immer etwas zu tun haben. Stillsitzen ist nicht seine Sache.

Am Abend, als die Mauer fiel, wollte er es nicht glauben und ging nach der Kneipe direkt ins Bett. Als die Einheit das Land überzog, beschloss er, das Beste daraus zu machen. Er wanderte mit einem Freund aus, in den Westen. Er kam bis in die Eifel, »weil es dort Wälder gibt, wie zuhause«. Wieder fällte er Bäume, das hatte er gelernt. Bald wollte er nicht mehr den Wald, sondern die Welt sehen. Mit seinem NVA-Armeeführerschein durfte er sogar große 18-Tonnen-LKWs steuern. Er sattelte auf Fernfahrer um, sein absoluter Traumjob. Stulle steuerte den Truck kreuz und quer durch Europa. »MAN, 420 PS, immer Frankreich, Belgien, Deutschland und zurück.«

Eines Tages verließ ihn das Glück. »Eine dumme Sache«, meint Stulle, darüber wolle er nicht mehr reden. Nur so viel deutet er an, er habe einen Moment nicht aufgepasst und mit seinem Monster eine ganze Tankstelle »versenkt«. Die Behörden sperrten ihm den Führerschein für fünfzehn Jahre. »Lebenslänglich«, seufzt Stulle. Die gute Zeit war vorbei. So kehrte er nach fünf Jahren aus der Eifel in die heimische Prignitz zurück. Der verlorene Sohn wurde freudig begrüßt und machte fortan die übliche Karriere als Leistungsempfänger für Hartz IV. Das wurmte ihn, aber ohne Führerschein war das Leben wie amputiert. Also reparierte er alles, was ihm in die Finger geriet. Er verwandelte seinen Klein-Traktor der Marke RS 04/30 »Aktivist«, Höchstgeschwindigkeit sechs km/h, in ein Räumfahrzeug, um den »alten Leutchen im Dorf die Gehsteige zu räumen«. Stulle zeigt mir anhand eines Fotos stolz seine Konstruktion. »Das ist ein Drehschild, vorne an meinem Traktor. Dreizehn Zentimeter nach rechts, fünfunddreißig Zentimeter nach links. Das habe ich selbst konstruiert. Der Traktor ist voll ausgelastet.« Damit schaffte es Stulle sogar in die Zeitung. Mit Bild – von seinem »Aktivist« mit Räumschild.

Rasch fügte er sich wieder ins Dorf ein, als Mann für den Winterdienst und Fachmann für Reparaturen aller Art. Seinen Freunden musste er nach den Jahren im Westen nur eines versprechen: Er solle endlich wieder normal reden, so wie ihm der Schnabel gewachsen sei. Tatsächlich hatte sich Stulles Sprache verändert. In den Jahren in der Eifel hatte er versucht, den dortigen Dialekt zu übernehmen, um bloß nicht als Ostler aufzufallen.

Freiheit

Hans Blumental schlug Breschen durch die Wildnis. Er kämpfte sich durchs mannshohe Gras, vorbei an einer herrlichen Rotbuche und kräftigen Eichen. Bald entdeckte er einen Löschteich, der offenbar als Schwimmbad diente. Am angrenzenden Waldesrand standen Kraniche. Ab und zu zog ein Storch seine Kreise, der am nahen Flüsschen Beute suchte. Blumental konnte sein Glück kaum fassen. Dieses Dorf war ein Rohdiamant. Die Kirche eine Herausforderung. Der Park ein Juwel. Die Vierseithöfe ein Ensemble. Er musste nur zupacken. Er fühlte sich wie ein Prinz, der das schlafende Dornröschen wachküssen wollte.

Blumental setzte die alte Bausubstanz auf die Habenseite. Das allein reichte nicht. Er brauchte eine zündende Idee und ausreichend Kapital. Aber versprach der Osten nicht weniger Regeln und dafür mehr Freiheit? Waren nicht ganze Heerschaaren von Glücksrittern, Goldgräbern und selbsternannten Aufbauhelfern unterwegs, die bei weitem nicht über seine Erfahrungen verfügten?

Blumental spürte den Wink des Schicksals. Er

kannte so viele Apotheker, Steuerberater, Lehrerinnen, Regisseure und Kneipiers, die sich gelangweilt durch ihren ereignislosen Alltag schleppten und sich ständig etwas vormachten: Sie flüchteten in Neid, Missgunst und Gleichgültigkeit, andere in Überstunden, Fitnessstudios oder Hochmut.

Das soll's gewesen sein? Blumental fragte sich die Fragen aller Fünfzigjährigen, die sich zu alt fürs Bungeespringen, aber noch zu jung für die Geranienzucht fühlten. Blumental konnte mit seinem Leben mehr als zufrieden sein. Er war wieder verheiratet, hatte einen Jungen adoptiert, besaß eine ansehnliche Villa mit Personal, arbeitete in einem renommierten Architektenbüro und war ehrenwertes Mitglied der Düsseldorfer Gesellschaft. Dennoch schaute ihn manchmal im Spiegel diese verdammte Sehnsucht an. Die Sehnsucht nach einem Leben ohne Konkurrenzkampf, Intrigen und Machtspiele. Davon träumten viele, tröstete er sich. Dennoch wollte er anders sein. *Anders als die anderen.*

Blumental rang mit sich. Vergiss es, dafür bist du zu alt, sagte die eine Seele in der Brust. Aber die andere gab keine Ruhe. Kürzlich war er auf eine Besonderheit gestoßen, die ihn faszinierte, die nach Freiheit roch. Das Dorf hatte seit dem Mittelalter zu Mecklenburg gehört. Ein Lehensgeschäft im 13. Jahrhundert hatte den Herzdorfern zu einer historischen Kuriosität verholfen. Dank dieser Laune der Geschichte hatte das Dorf der Herrschaft der mecklenburgischen Herzöge unterstanden, war ein Stück weit unabhängig und anders. Ein bunter Pickel mitten auf der preußischen Landkarte.

Am Ortseingang bewacht noch heute ein Zollhaus aus dieser Zeit die Gesetze des damaligen Herzogtums Mecklenburg. Die Preußen hatten nichts zu melden. Hier regierte nicht ihr Rohrstock. Erst 1937 vereinten die Nazis im Zuge einer Reichsgebietsreform Herzdorf und zwei Nachbardörfer mit dem preußischen Kernland.

Auch Theodor Fontane stolperte über diese Fußnote deutscher Kleinstaaterei. Er notierte in seinen *Wanderungen durch die Mark Brandenburg*: »Das Dorf war gleichbedeutend mit Freiheit. In vielen hundert, um nicht zu sagen in tausend Herzen hat sich damals alles Denken und Wünschen um die Frage gedreht: Werde ich das Dorf erreichen oder nicht?« Viele preußische Rekruten, die von Stock und Drill die Nase voll hatten, flüchteten aus der gefürchteten Garnisonsstadt Neuruppin gut fünfzehn Kilometer Richtung Norden nach Herzdorf – ins nahe Mecklenburg, in die Freiheit.

Doch die Freiheit war jederzeit in Gefahr. Hatte

sich ein Soldat aus der Garnison geschlichen, war also desertiert, »so ward eine Kanone, die draußen am Wall stand, mehrere Male abgefeuert. Man konnte die Schüsse in Katerbow, einem dicht vor Herzdorf gelegenen preußischen Dorfe, hören. Was Friedrich der Große von ganz Preußen gesagt hat, ›es müsse immer en vedette sein‹, das galt doppelt und dreifach in Katerbow. An Katerbow hing viel. Es war für den Flüchtling die ›letzte Gefahr‹, und erst wenn er *diese* glücklich hinter sich hatte, war er frei. In Ruppin selbst aber ließ man es nicht bei den Alarmschüssen bewenden, die Deserteurglocke auf der Pfarrkirche wurde geläutet, und entdeckte man die Stelle, wo der Entronnene über die Mauer gestiegen war, so verfielen die beiden zunächst stehenden Schildwachen ebenfalls der Strafe des Gassenlaufens«, berichtete Fontane.

Wenn das kein Zeichen war? Freiheit. Was für ein Versprechen! Hundert Jahre später hatte Hans Blumental genau hier die Chance, neu anzufangen.

Der Amtsdirektor

Es ist sibirisch kalt, die Autobahn in Richtung Küste ungewöhnlich leer. Ich fahre durch eine wunderschöne Winterlandschaft. Mein Navigationsgerät lenkt mich zu einer Abfahrt, die immer tiefer in norddeutsche Niederungen führt. Die Kleinstadt, durch die ich fahre, erinnert in Größe und Charakter an das märkische Neuruppin. Die zahlreichen Kreisverkehr-Inseln scheinen mittlerweile bundessdeutsches Markenzeichen aller Provinzstädte zu sein. Schließlich biege ich, meinem Navi gehorchend, auf einen verschneiten Waldweg. Der Mann, den ich jahrelang gesucht und mit dem ich mich verabredet habe, wohnt weitab jeder menschlichen Besiedlung. Ich habe mich gut vorbereitet, viel über ihn gehört, gelesen, erfahren. Er war der große Gegenspieler von Hans Blumental. Es ist der frühere Amtsdirektor, der sich an einen Waldrand irgendwo in Niedersachsen zurückgezogen hat. Sein Name: Wolfgang Merdorn.

Ich parke, gehe zu einem kleinen Anwesen, läute am Gartentor. Rauchwolken steigen aus dem Schornstein auf. Er muss mich längst bemerkt haben. Ein fremdes Auto fällt hier auf. Nachbarn gibt es nicht. Dann tritt

Wolfgang Merdorn vor die Tür. Ein Bär. Breitschultrig. Eine bemerkenswerte Erscheinung. Er ist bestimmt ein Meter neunzig groß. Kräftiger Brustkorb. Er sieht eher wie ein Ringer aus, nicht wie ein Beamter.

Der Riese bittet mich ins Wohnzimmer, in dem ein großer Kamin wohlige Wärme spendet. Alle anderen Zimmer sind kalt. Nur im Bad leiste er sich einen Elektroheizer, lässt er verschmitzt lächelnd einfließen – für »Madame«. Merdorn trägt einen Kinnbart, wie ihn einst aufmüpfige Junglehrer in meiner Schulzeit zu tragen pflegten. Er stammt aus dem Hochsauerland, ist gewitzt. Ein echter Naturbursche. Die Jagd war ihm in die Wiege gelegt.

Merdorn ist verheiratet mit einer Lehrerin, hat eine erwachsene Tochter. Beide sind offenbar nicht zuhause. Ich bin überrascht. Der einst so mächtige Herrscher über das Herzdorf der Aufbauzeit lebt in einem schlichten Siedlungshaus, abgelegen am Waldrand. Das Wohnzimmer wirkt wenig aufgeräumt. Am Schrank lehnt ein Sportschützengewehr. Die Merdorns haben wohl nicht sehr häufig Besuch.

Seit einigen Monaten ist der Mann mit dem Lehrerbart im Ruhestand. Jetzt kann ihm offenbar nichts mehr passieren. Das war wohl meine Chance, ihn treffen zu können. Denn der frühere Amtmann ist vorbestraft, wegen »Bestechlichkeit und Untreue im Amt«.

Merdorn kann meine Gedanken lesen. Gleich zu Beginn lässt er keinen Zweifel aufkommen, erklärt noch im Stehen, er sei zu Unrecht verurteilt worden. Um genau zu sein, er sei Opfer einer böswilligen politischen Intrige geworden. »Das dazu!«

Wolfgang Merdorn will reden, reinen Tisch machen. Viele Jahre hatte er zu allen Vorwürfen geschwiegen. Er habe ein reines Gewissen, betont er, der in den Osten ging, weil er beim Aufbau helfen wollte. »Ich bin Sauerländer. Ich war Amtsleiter in Sundern, war sehr früh in der Patenschaftsbetreuung eingespannt. Das hat mir Spaß gemacht. Meine Frau hatte in Beeskow Familie, also sollten wir noch einmal neu anfangen.«

Wolfgang Merdorn machte sich 1992 in den Osten auf. In der Nähe von Neuruppin war eine lukrative Stelle ausgeschrieben, die des Amtsdirektors für mehrere Landgemeinden. Es war Pionierzeit. Schon das Bewerbungsgespräch verlief völlig anders als im Sauerland. Es fand in einer ehemaligen Lagerhalle statt. »Das Amt war im Kartoffellager«, lacht Merdorn. So viel Anfang war nie. Ein Verwaltungsgebäude existierte nicht.

Der passionierte Jäger kam im Vorstellungsgespräch offenbar glänzend an. Er sprach die Sprache der Einheimischen, verstand ihre Sorgen. Prompt bekam er den Zuschlag. Die Abgeordneten wählten ihn, den Wessi, für fünf Jahre zum neuen Amtsdirektor.

Es war die Stunde null. Verwaltungstechnisch gesehen. Merdorns Augen leuchten voller Tatendrang, als er hinzufügt: »Das war eine Mentalität, ich sage immer, das Sauerland der fünfziger Jahre. Wie nach dem Krieg, wo so langsam alles wieder auf den Dörfern anfing.«

Von seinem neuen Hauptquartier aus, dem Kartoffellager, stürzte er sich in seine Aufgabe. Den Verwaltungsaufbau habe er ohne eine gelernte Kraft geschafft, unterstreicht er stolz. »Die Leute entstammten alle den LPGen und vom *Konsum*. Keiner konnte mit zehn Fingern schreiben.«

Überall seien alte Stasileute in den Ämtern gewesen, rote Socken, die von Bauvorschriften oder Genehmigungsverfahren keine Ahnung hatten. »Alle möglichen Leute hatten Gemeindesekretärinnen, die mussten sich in die neue Welt reinfummeln. Die konnten nichts. Das war schon ein interessanter Haufen.«

Merdorn selbst bezog mit seiner Familie schließlich privat ein früheres Schulzenhaus in einem Nachbardorf. Ein heruntergekommenes, aber repräsentatives Mehrfamilienhaus, unweit der Straße zum Rinderkombinat. Noch heute heißt die Straße so, obwohl das Rinderkombinat längst abgewickelt wurde.

»Ja, wir mussten sanieren. Der Verkäufer war die LPG in Liquidation. Drei Parteien, zwei Toiletten, die Männer waren Trinker. Der Erste zog ganz schnell aus, das klappte. Es war ein Drunter und Drüber.« Merdorn lächelt nachsichtig: »Es war doch ein Sport in der DDR, keine Mieten zu zahlen. Da waren ganze Wohnblöcke, da hat keiner Miete bezahlt.«

Doch sein neues Haus sorgte rasch für Ärger. Er habe den Bauschutt für den Umbau im Wald verklappen lassen, hieß es. Diese Vorwürfe gehören für ihn zu den böswilligen Attacken neidgesteuerter Einheimischer. Er sei von einem ordentlichen Gericht zu »zwölftausend Mark« Bußgeld verurteilt worden, entgegne ich. »Siebentausend DM«, korrigiert Merdorn. »Es wurde reduziert auf Siebentausend. Es wäre billiger gewesen, einen Container zu bestellen.«

Jetzt schaut mich Merdorn an wie die Unschuld vom Lande.

Der glücklichste Tag

Hans Blumental schlenderte mit einem Mitarbeiter die Dorfstraße entlang in Richtung Bahnhof. Der schmale Asphaltstreifen franste an den Rändern zu einem staubigen Etwas aus. Stromleitungen hingen schlaff an braunen Holzpfosten. Der Bahnhof. Sechzehn Züge am Tag. Acht hielten. Das Gebäude war verriegelt. Es stammte aus der Zeit der Eisenbahnpioniere und verströmte den Charme eines verlassenen Westerndorfes. Die beiden Männer zogen weiter zu den Vierseithöfen. An manchen Wohnhäusern kündeten klassizistische Stuckreste von besseren Zeiten. Es waren stattliche Höfe der Einzelbauern gewesen, bis sie die Kollektivierung der späten fünfziger Jahre des Landes vertrieb. Hinter den Wohnhäusern kauerten windschiefe Scheunen, die als Schafställe dienten oder vor sich hin rotteten. Überall Schutt und Müll.

Das Dorf hatte eine einfache soziale Grenze. Auf der Talseite reihten sich Vierseithöfe mit Wohnhaus, Stall, Scheune und Schuppen. Auf der gegenüberliegenden Seite duckten sich flache Büdnerhäuschen, in denen einst Tagelöhner und Gutsarbeiter hausten. Auf einem der Höfe an der vornehmen Seite fehlte das Wohngebäude. In die Lücke hatte man ein Fertighaus gestellt, in Holzbauweise und weißer Farbe. Es sah aus wie ein verirrtes UFO. Im Volksmund hieß dieser ostdeutsche Eigenheimtraum »Neckermannhaus«, obwohl der Fertigbau FHE 73 aus einem Volkseigenen Betrieb stammte.

Hinter diesem Haus saß ein Mann auf umgedrehten Bierkästen und trank einsam sein Bier. Blumental grüßte ihn. Der Einheimische erwiderte wortlos, indem er die Hand leicht anhob.

Blumental sprach den Mann erneut an, meinte, aus den Schafställen könne man doch etwas machen. Da lachte der Trinker plötzlich ein galliges Lachen, der Fremde sei wohl bekloppt? Ob er sich unglücklich machen wolle, da sei nichts mehr zu retten.

Die beiden Männer gingen weiter. Einen Moment lang schien Blumental irritiert zu sein. Als habe das Hohngelächter des Griesgrams ihm persönlich gegolten, sagte er aus heiterem Himmel: »Es reicht nicht, wenn wir die Kirche retten. Wenn, dann muss es das ganze Dorf sein.«

Blumental neigte dazu, in Windeseile ein kleines Streichholz in einen Flammenwerfer zu verwandeln. Er hasste Bedenkenträger und Miesepeter. Wenn andere ihn als Windbeutel verunglimpften, weckte das seinen Kampfgeist. Es spornte ihn an. Matthias Brentano, der ihn begleitete, erinnert sich an diesen Moment, als Blumental zum ersten Mal seine Idee offen aussprach. In Blumentals Kopf nahm der Masterplan Gestalt an. Er wollte das ganze Dorf retten. Mit Gutshaus, Park, Schule, Bauernhöfen, Schmiede, Straße, Zollhaus und Bahnhof. Was für eine geniale Idee!

Blumental strahlte. Er war in diesem Augenblick vielleicht der glücklichste Mensch der Welt.

Der Himmel über Herzdorf

Was als unabwendbar gilt, erträgt der Herzdorfer schicksalshaft und gottgegeben. Genau genommen hatte der Krieg nicht aufgehört. Er ging einfach weiter. Seit Kriegsende probten Kampfflieger mit dem roten Stern über den Dörfern den Ernstfall. Von früh bis spät, auch nachts, donnerten die MiGs der *Freunde*, wie die sowjetischen Streitkräfte offiziell hießen, im Tiefflug über die Köpfe der Einheimischen hinweg. Das Dorf lag am südlichen Rand des größten Luft-Boden-Schießplatzes Europas, genannt *Polygon Wittstock*.

Da kannste nüscht machen, winkten die Bewohner ab, wenn ihre Häuser in den Fundamenten bebten, Risse Wände durchzogen und Kinder schreiend wach wurden. »Sie kamen immer von Neuruppin an den beiden Kirchtürmen vorbei und dann hier bei uns lang. Sie flogen unter hundert Metern. Außerdem haben sie mit den Panzern geschossen. Bum, Bum. Auch mit Raketen«, erzählt ein alter Mann im weißen Feinripp-Unterhemd über der blauen Arbeitshose.

Bum-Bum machte es viele Jahrzehnte lang. Den ganzen Kalten Krieg hindurch. Der Bauer zeichnet mit seinen kräftigen Händen Geschosse, die durch die Luft sausen. Seine Augen leuchten. In dieser Heide hatte Max Schmeling Hirsche gejagt, Hitlers Luftwaffe probeweise Fallschirmspringer vom Himmel regnen lassen, schließlich bombten und schossen die Russen. »Das war heftig«, fährt der Bauer fort. »Anfangs sind die mit Doppeldeckern geflogen, haben Zementbomben abgeworfen. Das war Krieg. Richtig Krieg. Das kann man sich heute gar nicht mehr vorstellen.«

Der Alte wedelt entschlossen mit seinem Gehstock. »Später haben sie den Atombunker gebaut. Zwei, drei Jahre vor der Wende. Wir wussten erst nicht, was da passiert. Ein Höllenlärm. Tag und Nacht fuhren sie den Beton ran. Wir haben dann auch ein wenig Zement abbekommen. Die haben einen Bunker tief unter der Erde für mindestens hundert Mann gebaut.

Die wollten den Westen überleben. Meine Kinder sind schon im Innern herumgeturnt. Der Bunker ist versteckt im Wald, gegenüber von der alten Kommandantur.« Der sonnengebrannte Feinripp-Mann meint noch, er sei oft im »Gelände« gewesen, wie er es nennt, weil man dort mit den Russen gute Geschäfte machen konnte.

Das Schießen und Bomben ging auch nach der Wende weiter. An einem warmen Frühlingstag im Mai 1990 saß der zehnjährige Jens am Löschteich, um Fische zu fangen. Der Junge liebte das Angeln nach einem langen Schultag. Er hoffte auf einen guten Fang, als wieder einer dieser Tiefflieger über seinen Kopf hinwegraste.

Der kleine Jens schenkte dem Ungetüm keine Beachtung. Warum auch? Er konzentrierte sich auf seine Rute, die auf der Seeoberfläche hüpfte. Seitdem er denken konnte, war ihm das Spiel der Donnervögel vertraut: erst das Heranrasen über dem Haus, dann das Absinken am Waldesrand, schließlich das Ausklinken der Bombe, die anschließende Detonation, kurz darauf das höllische Durchstarten, während die Maschine wieder an Höhe gewann, um am Horizont als winziger Punkt zu verschwinden.

Das Ritual war eine Angelegenheit von Sekunden. Der Lärm gehörte zum Alltag wie die tägliche Mathestunde. Doch an diesem Donnerstagnachmittag krachte eine Bombe auf eine Wiese hinter dem Teich. Jens erstarrte, riss die Angelrute in die Höhe und warf sich ins Ufergebüsch. Sekundenbruchteile später hörte er weitere dumpfe Einschläge. Sie kamen vom nahen Rinderstall der LPG. Dann wurde es still. Gespenstisch still. Jens zitterte am ganzen Leib, während er zusah, wie der Stall zu brennen begann.

Hatte der Pilot die Nerven verloren, oder war es ein Unfall gewesen? Waren es Übungsbomben oder scharfe Munition? Das Herz des Jungen klopfte ihm bis zum Hals. Irgendwann tauchten sowjetische Soldaten auf. Ein riesiger Armeehubschrauber flog ein, spuckte Spezialkräfte aus, die die Unglücksstelle absperrten. Nicht einmal die alarmierten Katastrophenschützer der DDR durften an den Ort des Geschehens.

Erst Stunden später konnte der Junge zu seiner Familie zurückkehren. Schreckensbleich, aber unverletzt. Die Familie feiert diesen 17. Mai bis heute als Jens' zweiten Geburtstag.

Die Bombe war zum Glück nicht explodiert. Doch dann ereignete sich in der Region etwas Unvorstellbares: Tausende Menschen versammelten sich in der Kreisstadt, um ihrer Wut Luft zu verschaffen. Es war ein kleines Wunder, denn noch existierte die DDR und noch übte die Rote Armee die Befehlsgewalt aus. Doch zum ersten Mal trauten sich die Behörden nicht mehr gegen Proteste vorzugehen. Der Pfarrer verlas einen offenen Brief an den sowjetischen Präsidenten Gorbatschow. Darin hieß es, der Himmel über dem *Polygon* möge endlich zur Ruhe kommen. Nichts wünschten sich die Menschen mehr, nach vierzig Jahren Dauerbeschuss am Rande des größten Bombenabwurfplatzes Europas. Herzdorf wollte seinen Frieden finden. Endlich. Und einen Neuanfang wagen.

Der Feuerwehrchef

Mit der Wende änderte sich vieles im Dorf. Als Erste kamen die Fleischaufkäufer. Bald darauf folgten Autohändler, Makler, Versicherungsvertreter aller Art und Bankräuber. Am Schalter der Raiffeisenbank im Nachbardorf hieß es innerhalb von drei Jahren viermal: »Geld her!« Dann wurde die Filiale geschlossen.

So konnte es nicht weitergehen. Das war der kleinste gemeinsame Nenner im neuen Gemeinderat. Nun hatten sie die Freiheit selbst zu entscheiden, aber was nutzte es ihnen? Der einzige Betrieb, die LPG

Justus Liebig, war abgewickelt, und einhundertzwanzig Mitarbeiter waren nach Hause geschickt worden. Die ganze *Umstrukturierung*, wie es offiziell hieß, zog schneller als ein Sommergewitter auf, so dass die Ernte nicht mehr rechtzeitig eingebracht werden konnte und das Korn auf den Feldern verdarb.

»Es war der *Umbruch*. Eine harte Zeit.« Das Wort Umbruch klingt bei Hans Brenner wie unvermeidbar, wie eine Naturkatastrophe. Wir haben uns am neuen Feuerwehrhaus verabredet, einem »von den Kameraden« gebauten Funktionsbau mit Fahrzeughalle und Besprechungsraum. In der Garage steht ein gebrauchtes, für die Feuerwehr jedoch neues MAN-Löschfahrzeug im Wert von sechzigtausend Euro. Aus Berlin, betont der schmächtige, aber drahtige Feuerwehrchef. Die Wehr zähle noch vierzehn Kameraden, viele seien aber nur bedingt einsatzbereit.

An der Wand sind zwanzig Kleiderhaken montiert, knapp die Hälfte ist mit Monturen und Helmen bestückt. Die Feuerwehr ist der einzige Verein, der überlebt hat. Große Einsätze dürfe es allerdings während der Woche nicht geben. Im Ernstfall könne er maximal zwei bis drei Mann aufbieten, rechnet Hans Brenner bekümmert vor. Wer Arbeit habe, sei unter der Woche nicht im Dorf. Feuer oder andere Notfälle müssten am besten samstagnachmittags stattfinden, da könne die Einsatzbereitschaft »von mindestens fünf Mann« erreicht werden. Hans Brenner sucht neue Männer. »Wollen Sie nicht mitmachen?«

Auf der Website lockt die Feuerwehr mit flotten Sprüchen: »Du willst Dein Privatleben aufpeppen und zu einer super Truppe gehören? Wir warten auf Dich!!! Bevor der Teufel uns holen kommt, trinkt er sich Mut an!!! Feuerwehrmänner sterben nicht, sie fahren zur Hölle und machen den nächsten Einsatz!!!« Der Text stamme nicht von ihm, den habe sich irgendeiner ausgedacht, wahrscheinlich in Berlin, grinst er. »Aber vielleicht hilft's.«

Lange hatte sich der frühere Mitarbeiter der LPG Friedrich Engels um ein Treffen bitten lassen. Zeit sei heutzutage knapp, erklärte er. Er sei ehrenamtlicher Bürgermeister, bewirtschafte ein Stückchen Land, außerdem fahre er Reisebusse, irgendwie müsse man sein Geld verdienen. Hans Brenner schaut mich prüfend an.

Nach der Wende seien all die Klugscheißer gekommen. Große Klappe, sonst nichts. Hans Brenner winkt ab und fährt sich mit der Hand durch das schüttere Haar. Seine Familie lebe so lange im Dorf, wie er denken könne. Er sei hier geboren, in der Kirche konfirmiert, habe sich als einfacher Treckerfahrer in der LPG zum Ortsvorsteher hochgedient. Hans ist der Mann für alles. Ohne ihn geht nichts. Harte Arbeit, das ist sein Leben.

Er fixiert mich. Dann erzählt er von seinen Erfahrungen mit der Marktwirtschaft, als die sogenannten Investoren kamen und wieder gingen. Was sie nicht alles eröffnen wollten! Großraumdiskos, Videotheken, Rennstrecken, Spaßbäder, Golfplätze. Er berichtet von Anwälten, Beratern, vermeintlichen Geschäftsleuten und notorischen Blendern, die stets nach dem gleichen Muster vorgingen. Je großspuriger sie auftraten, desto geringer ihre Sicherheiten. Er erinnere sich noch genau an einen jungen Schnösel von Mitte zwanzig, Bankkaufmann, aus einer niedersächsischen Kleinstadt. Der habe doziert, im Kommunismus seien die Menschen deformiert worden. Die Leute hätten das Arbeiten verlernt. Hans Brenner sieht aus, als hätte er die Tür nicht mehr zugekriegt. Sein zweiter Blick sagt: Wir sind zwar Bauern, aber dumm sind wir deshalb nicht.

Einer dieser Geschäftsmänner ließ sich sogar von einem Fahrer chauffieren. Das machte Eindruck. Der Mann erkundete die Umgebung, interessierte sich besonders für den Bahnhof und seine Gleisanlagen. Auf Nachfragen, womit er sein Geld verdiene, erklärte er weltmännisch, er verdiene sein Geld mit Gebrauchtwagen und im Russland-Geschäft. Er habe Großes vor, mit der Region könne man was machen. Der Mann stammte aus Thüringen, war also ein Landsmann, ein Ossi wie sie selbst. Das brachte Pluspunkte.

Längst hatten die Herzdorfer erfahren, dass es gerade in der Freiheit Betrüger gab. Der Kinderglaube, blühende Landschaften entstünden wie von selbst, war in ein stabiles Vorurteil umgeschlagen, das in jedem Westler einen Verbrecher vermutete. Der Thüringer indes versprach ein sicheres und konkurrenzloses Entwicklungskonzept. Hans Brenner und seine Gemeinderatskollegen entwickelten durchaus Vertrauen in die Seriosität des Projektentwicklers mit Chauffeur.

Herzdorf sollte eine glänzende Zukunft haben – Hans Brenner hält die Luft an –, als *Westernstadt*. Genau, als Westernstadt. Diesseits und jenseits der Bahn sollten Saloons, Shops und Attraktionen entstehen. Einige Seen sollten angelegt werden. Eine alte Schmiede gebe es schon, erklärte der Investor, Kühe, Pferde und Hühner sowieso, ein Indianerdorf würde auch entstehen. Der Geschäftsmann plante ein Westernland mit eigenem Dollar, Bogenschießen, Hufeisenwerfen und einer Goldwaschanlage für alle Glückssucher. Dazu ausgewählte Highlights wie Schlittenhunderennen, Square Dance und Betriebsfeiern mit Wettschießen auf bewegliche Ziele und abschließendem Gruppenfoto vor Saloon in Original-

Westernoutfit. Das Dorf könne man *Old Texas Town* oder *El Dorado* taufen. Ist das nichts? Krisensichere Jobs für alle! Eine sorgenfreie Zukunft als Cowboy oder Indianer auf Festanstellungsbasis.

Im Westen seien solche Attraktionen wahre Goldgruben, versicherte der Thüringer. Freizeit und Entertainment seien die modernen Knaller. Hans Brenner, eher vertraut mit Rinderzucht oder dem Löschen von Waldbränden, traute seinen Augen und Ohren nicht. Zwei Milliarden Mark für das Texas-Dorf versprach der Mann: »Der wollte unseren Ort als Westernstadt schmackhaft machen. Dann gibt es nur noch Pferdekutschen.«

Die Herren vom Amt begeisterten sich für das Konzept. Der Bauamtsleiter wanderte mit dem Thüringer Western-Investor über das Areal: »Das ist einer von uns.« Am Bahnhof posierten die Herren für die Kameras und stellten die Weichen in Richtung Westerndorf. »Das Bild habe ich noch. Da hat er das Gleis umgelegt, wo der Westernzug einfahren sollte«, grinst Hans, wie sie ihn im Dorf nur nennen.

Die Lokalzeitung berichtete in großer Aufmachung über das neue Zukunftsprojekt. Hans Brenner wurde aber indes misstrauisch. War der Mann seriös? Wie kam er zu seinem Geld? Werden wir jetzt alle Cowboys?

Hans Brenner gehört zu den Sechzigjährigen, die als Folge harter Arbeit früh gealtert sind. Jetzt sitzt er mir im leeren Feuerwehrhaus gegenüber. Aufmerksam, ein wenig angespannt, mit einer Denkfalte auf der Stirn.

Den Westernhelden habe man schließlich vom Hofe gejagt, erzählt er. Auf einmal lacht er befreit auf. Das sei das Beste gewesen, was dem Dorf passieren konnte. Das Finale habe sich in der Jägerkneipe abgespielt. Die Dorfbewohner waren mehrheitlich dagegen. Nur die Amtsleitung hoffte weiter auf Jobs und Gewerbeeinnahmen. Der Investor konnte die Bürger mit seinem El-Dorado-Westernstadt-und-Arbeitsplätze-für-alle-Konzept nicht überzeugen. Brenner: »Da hat er sich von den Einwohnern ganz schön was anhören müssen. Die Leute waren alle dagegen. Da hat er plötzlich seinem Chauffeur gepfiffen. Prompt, ab ins Auto. Er sagte noch: ›Wir haben hier nichts verloren.‹ Da waren sie wieder weg. Danach war Ruhe.«

Aufbruch

»Völliger Schwachsinn.« Hans Blumental lacht belustigt, als ich ihn auf den Westernmann anspreche. »Der war doch nur hinter den Fördermitteln her.« *Wenn du Gott zum Lachen bringen willst, erzähle ihm von deinen Plänen*, fällt mir in diesem Augenblick ein. Aber der zwielichtige Investor hatte Jobs versprochen, viele Jobs. Das kam an. Blumental musste sich etwas einfallen lassen. Und zwar schnell. Er machte sich entschlossen an die Arbeit, an das, was er am besten konnte: Konzepte entwickeln. Die Stunde war gekommen. Er wollte diese geschundene Region wachküssen.

»Es war die Idee: die Kirche zu retten, aber mehr zu wollen. Wir haben zur gleichen Zeit im Ruhrgebiet in Mühlheim an der Ruhr die Landesgartenschau gemacht. Das war für die damalige Zeit ein ungewöhnliches Projekt, weil es versuchte, mit alten Industrieanlagen eine neue Zeit entstehen zu lassen. Das war unsere Welt, dass wir mit Projekten unser Geld verdienten, Wettbewerbe mitmachten, versuchten, die Besten zu sein.«

Während Hans Blumental von Auszeichnungen erzählt, schaut seine Frau Linda aus dem Fenster, als könnte sie in der Ferne verlorene Zeit zurückholen. Mit der Obsession ihres Mannes, ein heruntergekommenes Dorf im Osten neu aufzubauen, konnte sie wenig anfangen.

»Es war eine Katastrophe. Ich weiß natürlich aus meiner Zeit, die ich auf den Messen in der DDR verbracht habe, dass es an allen Ecken und Enden fehlte. Man hatte nicht genügend Material für Häuser. Es gibt sicherlich, wenn man nicht alles erhalten kann, irgendwann einmal eine Lethargie, wodurch Dinge vernachlässigt werden, die man vielleicht mit etwas Initiative retten könnte. Der Hof, in den wir später eingezogen sind, war völlig unbewohnbar. Es hat natürlich eine Weile gebraucht, bis ich den direkten Kontakt zu den Menschen hatte. Der erste Kontakt war zu der Bäuerin, die zu der Zeit noch im Germhof wohnte, das war eine unheimlich nette alte Dame. Mit der habe ich ein Schnäpschen getrunken, das war völlig in Ordnung. Die anderen Leute, auf den anderen Höfen, waren ...« Linda überlegt, dann lächelt sie: »zurückhaltend ist eigentlich ein zu vornehmes Wort.«

Der Kommandant

Von einem umtriebigen Mann aus Düsseldorf hatte er gehört, gesehen hatte er Blumental im Dorf nicht. »Das ist einer dieser Spinner.« Otto Suhls erste Lageeinschätzung war kurz, knapp und eindeutig. Als Offizier der Volkspolizei hatte er wohl gelernt, jeden Schritt mit einer Situationsanalyse zu beginnen: Wie ist die neue Lage einzuschätzen? Ist die Gefechtslage zu beherrschen oder unübersichtlich?

Suhl ist groß, ein freundlich-vorsichtiger Thüringer voll preußischer Korrektheit. Der hagere Mann war in jenen Tagen viel zu sehr mit sich selbst beschäftigt. Suhl fand die neue Zeit, gelinde gesagt, zum Weglaufen. Dummerweise ging das nicht. Die deutsche Einheit war im Sommer 1990 wie ein Hitzegewitter über ihn hereingebrochen. Er war nun eine Art Leuchtturmwärter, dessen Licht perfekt funktionierte, aber zwangsweise außer Betrieb gesetzt worden war. Also zählte er die vorbeifahrenden Schiffe. Was sollte er sonst tun?

Der Vereinigungsprozess? Eine einzige feindliche Übernahme. Wie aus dem Lehrbuch. Ein später Morgenthau-Plan zur De-Industrialisierung des Ostens. Waren nicht LPG, *Konsum*, Kindergarten, Poststelle und ein intakter Bahnhof innerhalb kürzester Zeit geschlossen worden? Nicht rentabel, wie es hieß, das könne sich keiner mehr leisten.

Arbeit? Verantwortung? Perspektiven? Fehlanzeige. Suhl war damals etwas über fünfzig. Auf dem Arbeitsmarkt *nicht vermittelbar*. Viele im Dorf waren wie er auf Kurzarbeit null gesetzt oder fristlos gekündigt worden. Die neue Melodie hieß: »Reißt Euch zusammen. Packt an. Macht was!« Suhl wurde übel. Schöne Freiheit! Er konnte keine Nachrichten mehr hören, so sehr regte er sich auf. Es widerte ihn an, an einem Imbiss zu enden, mit Wehmut, glasigem Blick und einer Büchse Bier in der Hand. Er wollte sich nicht Tag für Tag zufriedentrinken.

Otto Suhl empfängt mich an einem Sonntagvormittag. Er führt mich in sein Arbeitszimmer. Es ist winzig. Die weißen Wände seines Fertighauses sind mit Jagdtrophäen dekoriert. Die Sammlung setzt sich vom schmalen Flur bis in sein Zimmerchen fort. An jeder freien Stelle hängt eine Trophäe. 140 Rehböcke habe er schon geschossen, schätzt Suhl, der präzise und nüchtern zu erzählen weiß. Zahlenangaben müssen stimmen. Kein Firlefanz. Er liebt Hauptsätze. Nebensätze kommen praktisch nicht vor. Manchmal kann ich das Ausrufezeichen mithören. So ist es. Punkt!

Der Anfang Siebzigjährige sitzt aufrecht an seinem kleinen Schreibtisch. Er hat lange mit sich gerungen, ob er sich mit mir treffen soll. Vermutlich gehöre ich zu der Kategorie Mensch, die er meidet. Pressevertreter, besonders vom einstigen westlichen Klassenfeind, sind Suhl wohl ein Gräuel. Zuspitzen, verfälschen und maßlos übertreiben, was sollte man sonst erwarten?

Otto Suhl war einmal wichtig. Sehr wichtig. Bis September 1990 hütete der Kommandant das größte Geheimnis des Dorfes. Abgekürzt heißt es TüP – das steht für Truppenübungsplatz. Jenseits der Autobahn, dort, wo »die Sümpfe« sind, war ein riesiges militärisches Sperrgebiet, versteckt in unzugänglichen Wäldern. Bei Westwind konnten die Herzdorfer das Geschützfeuer der Granatwerfer hören, an manchen Wochenenden das Bellen der Maschinengewehre.

Im Ernstfall sollte das Sperrgebiet als ein Internierungslager genutzt werden, wird seit der Wende hinter vorgehaltener Hand gemunkelt. Eine Art DDR-Guantanamo. Eine Anwohnerin, die das Dorf in den neunziger Jahren verlassen hatte, erzählte mir: »Das ganze Dorf war ein Stasi-Kaff. Hinter der Autobahn war *das KZ*. Dort arbeiteten Häftlinge. Ich habe sie mit eigenen Augen gesehen, bei einem Schulausflug.«

Otto Suhl spannt seinen Körper, es schüttelt ihn. »So ein Quatsch!«, ruft er entrüstet. »Alles Gerüchte.

Ich weiß auch, wer die gestreut hat.« Suhl ist empört. Seine Erregung wirkt nicht gespielt. Die Lagergeschichte sei einer dieser typischen Fälle von westlicher Übertreibung. »Was auf dem Platz war, das war die sogenannte Kommandantur, ein Verwaltungsgebäude, ein Dienstgebäude. Unterkunftsgebäude. Speiseräume. Küche. Garagen. Werkstätten. Alles, was eben notwendig ist. Es waren acht Gebäude. Die waren vorgesehen für die Kampfgruppen. Wenn die Kampfgruppen aus Berlin zum Schießen hierherkamen, hatten die immer wenig Zeit. Die kamen Freitagabend, haben hier übernachtet, brauchten keine Zelte aufbauen. Die Unterkünfte waren primitiv eingerichtet mit Feldbetten, einem Öfchen. Mehr gab es da nicht. Waschhaus und natürlich Toiletten. Das war das sogenannte Internierungslager.«

Noch Fragen? Er atmet auf, als ich ihm bestätige, dass die Berliner Stasi-Unterlagenbehörde keine Belege für ein Internierungslager finden konnte. Sag ich doch, signalisieren seine Augen, wir haben dort unser Land zu verteidigen geübt. »Da kamen am Wochenende die Kampfgruppen zum Schießen her mit knapp 500 Mann«, erklärt Suhl, und dann gab es noch »das sogenannte Häuserkampfobjekt. Man musste auch einmal davon ausgehen, dass eine Bank überfallen oder besetzt wird oder eine Geiselnahme.« Suhl winkt ab. »Ich bin im September 1990 entlassen worden. Alle über fünfzig Jahre wurden entlassen.« Sein Blick wird trotzig. Wie er sich gefühlt habe, frage ich. »Na, erst mal leer. Bis dahin hat man immer noch gehofft. In der Zeit von Herbst 1989 bis September 1990. Was wird nun? Unsicherheit war natürlich immer vorhanden. Niemand hat etwas gewusst. Früher waren wir das sogenannte Hätschelkind innerhalb des Ministeriums. Später waren wir wie eine heiße Kartoffel, die niemand mehr anfassen wollte. Ich bin entlassen worden und dann die ersten fünf Jahre nicht mehr dahinten gewesen.«

Dahinten, das ist ungefähr einen Kilometer entfernt von seinem DDR-Fertighäuschen mit Rehböcken an der Wand und gepflegtem Garten. Sein Haus gehört zu den Offiziershäusern jenseits vom Dorfkern, kurz vor dem Sperrgebiet. Sein TüP war für Suhl fünf Jahre lang weiter entfernt als der Mond.

Auch Suhl ist ein Zugezogener. Ein halber Fremder. Der Offizier war 1986 aus Karl-Marx-Stadt ins Dorf versetzt worden. Sein erster Eindruck: »Ein fürchterliches Kaff. Meine Frau war erschüttert und sagte: ›Das geht nicht.‹ Schlimmer konnte es nicht werden.« Er lacht. Dann ergänzt er im thüringischen Singsang: »Aber heute möchte man nicht mehr weg.«

1989 hatte Suhl den Truppenübungsplatz fristgerecht und fertig übergeben. 1990, als sich die Einheit im Land ausbreitete, musste der Kommandant sein neues Objekt wieder zurückbauen. Transformation hieß das auf Neudeutsch. Technik abwickeln, das Gelände sichern, Leute freisetzen. Befehl ist Befehl. Es war für Suhl ein höchst unehrenhafter Rückzug, eine Kapitulation auf ganzer Linie. Er ließ elektronische Leitungen kappen, Türen versiegeln und schickte seine Männer nach Hause. Es heißt immer, das Beste, was einer tun kann, ist dann, so schnell wie möglich zu gehen und bloß nicht zurückzuschauen. Sein TüP sank in einen langen Winterschlaf. Merkwürdigerweise blieb das Tor geschlossen. Auch der Stacheldrahtzaun wurde gepflegt und setzte keinen Rost an. Wieder schossen Gerüchte aus dem Waldboden wie Pilze nach einer feuchtwarmen Sommernacht. Was passiert dort?

Suhls Aufbauwerk gehörte nun der BRD, der Bundesrepublik. Diese bot das Militärgebiet wie Sauerbier an. Die neue Polizeiführung winkte ab, das Gelände sei zu groß, zu teuer im Unterhalt und passe nicht zu einer modernen Polizei. Pläne für einen Autobahnrasthof zerschlugen sich ebenso wie die Ansiedlung von Geflügel- oder Pilzzucht-Anlagen. Der Stacheldrahtzaun blieb, bewacht von Uniformierten eines privaten Sicherheitsdienstes. Denn bald quartierte die Bundesrepublik Flüchtlinge ein. Ein perfektes Gelände, fernab mitten im Wald, hier wurde niemand gestört. Die ersten Lagerbewohner waren Kosovo-Albaner, dann kamen Rumänen. »Asylbewerber. Vierhundert Stück«, so erzählt der frühere Amtsdirektor Merdorn. »Die waren nach sechs Wochen alle wieder weg.« Das Lager mit seinen spartanischen Barracken sei selbst Asylbewerbern nicht zumutbar gewesen, kommentiert bissig Otto Suhl, der Truppenkommandant.

Danach herrschte wieder Ruhe im Wald. Im Frühjahr 1994 tauchten neue Gerüchte auf. Das Sperrgebiet werde weiter bewacht, weil es als möglicher Standort für Atommüll in Frage komme. Herzdorf solle das neue Gorleben werden. »Tja«, antwortet Suhl auf meine Nachfrage, »das waren keine Gerüchte. Das war geplant.«

Ich gehe der Sache nach, frage Experten, studiere Gutachten, weil mir nicht in den Kopf will, dass ausgerechnet im märkischen Sand das strahlende Erbe der deutschen Atomwirtschaft versenkt werden sollte. Hier sind doch nur karge Sandböden, hatte ich gelernt, das Land ist ein einziger großer Sandkasten. Irgendwann stoße ich auf ein Gutachten, das die Bundesregierung in Auftrag gegeben hatte. Darin heißt es, ein vorhandener Salzstock in einer Tiefenlage von 350 Metern sei mit einer Mächtigkeit von mehr als zweitausend Metern geeignet, Sondermüll und Gefahrenstoffe aufzunehmen. Woran das Projekt gescheitert sei, frage ich den Kommandanten, während es aus der Küche nach Suppe riecht. »Wahrscheinlich an den Kosten!«

Suhl schweigt, als wisse er mehr. Bitte keine Fragen mehr, sagt sein Gesicht. Ich seufze in die Stille seines Jagdzimmers. Mein Gott, was hier schon alles geplant war! Suhl lächelt verschmitzt das Lächeln einer Sphinx: »Das Dorf war mal der Nabel der Welt.«

Linda

Schöne neue Welt! Wo bin ich nur gelandet? Linda Blumental schaut ein wenig pikiert. »Ich wusste erstmals gar nichts, da ich Holländerin bin und nicht unbedingt in der Schule mit Fontane aufgewachsen bin, obwohl man ihn als solchen kennt.« Linda betont die Silben akkurat und lässt sie nachklingen, als wollte sie das Echo umarmen. Sanft klingt der niederländische Akzent an, diese sympathischen ch-Laute wie früher beim »Laufenden Band« mit Deutschlands beliebtestem Holländer Rudi Carrell.

Linda erzählt, dass sie auf einem Binnenschiff geboren wurde. »Bei uns auf dem Kahn sagte man: ›Das Wichtigste ist die Ladung, nicht das Personal‹.« Sie war ein Kriegskind, aufgewachsen im von Nazideutschland besetzten Holland, streng calvinistisch erzogen. Das habe sie geprägt: dieser Wechsel zwischen Strenge und Sehnsucht nach Schönheit. Im Leben sei ihr nichts geschenkt worden. Die Mutter habe sich bei Herrschaften als Haushaltshilfe durchschlagen müssen. »Wie heißt das auf Deutsch? ... Ich war ein Kind aus einfachen Verhältnissen.« Sie habe sich hochgearbeitet. Eine Freundin, Geschäftsfrau wie sie, schreibt über Linda, das Leben habe sie gelehrt, aus dem Nichts etwas zu schaffen.

Mit zwanzig Jahren zog sie nach Deutschland, der Liebe wegen. Sie heiratete einen Schauspieler und Musiker. Die Ehe hielt nicht lange, aber sie lernte bei den Schwiegereltern deutsche Besonderheiten kennen, zum Beispiel an Weihnachten. »Da kam ich nach Bremerhaven, und meine Schwiegermutter sprach über die Zone. Dann schickten sie Pakete. Dinge, die ich nicht kannte. Ich habe immer gedacht: Sind die verrückt?«

Linda Blumental ist eine aparte und resolute Frau, die weiß, was sie will. Auch wenn sie als Endsechzigerin wohl nicht mehr die brennende Energie von früher hat, will sie sich in jeder Situation behaupten. Ihr

Lebensmotto lautet »Streng, aber gerecht«. Mit diesem Spruch wurde sie in Düsseldorf am Ende der Bundesgartenschau von ihren Mitarbeiterinnen verabschiedet. »Es muss gehen. Es muss«, notiert eine Freundin, »Linda unternimmt etwas. Plant. Kalkuliert, mistet aus, packt an. Sie setzt sich Ziele und zieht andere mit.«

Als Linda Ende der achtziger Jahre Hans Blumental heiratete, waren eigene Kinder nicht mehr möglich. Daher adoptierten sie ein Heimkind. Linda wurde Mutter. Mit Ende vierzig. Ein Herzenswunsch. Die Freundin schrieb Mitte der neunziger Jahre: »Max ist zwölf. Vorpubertär. Noch führen seine Wege mehr zu ihr hin. Der Junge ist adoptiert und lebt erst seit einigen Jahren bei seinen neuen Eltern. Eine Beziehung von wechselseitigem Respekt, Vertrauen und Liebe. Eine Beziehung, die trägt.« Doch damals standen die Blumentals vor einem Dilemma. Konnten sie es verantworten, ihrem Adoptivsohn einen weiteren Umzug und Neuanfang zuzumuten? In den Aufzeichnungen von Lindas Freundin ist ein verstörender Satz zu lesen: »Sie sind stark genug und weich, alle drei; werden sich in der Abgrenzung finden.«

Sollten sie den Sprung wagen? Die Blumentals redeten sich vor dem heimischen Kamin in Velbert die Köpfe heiß, bis tief in die Nacht. Das kleine Dorf lockte mit einfachem Leben in allen Farben: Wiesengrün und Himmelsblau, Erdbraun und Ziegelrot.

Ob sie ein zweites Worpswede geplant hätten, ein neues Künstlerdorf wie in der Nähe von Bremen, will ich wissen. Ihnen zum Ruhme?

Hans schüttelt sein weißes Haupt: »Da wir nicht in Ruhm denken, kann diese Vorstellung nur in den Köpfen anderer Menschen entstanden sein. Dass sie eine bestimmte Vorstellung von Ruhm hatten. Ich betone das immer wieder: Wir hatten ein Sendungsbewusstsein, das hatten wir.« Sie: »Dass dort etwas passiert.« Er: »Arbeitsplätze schaffen, so banal ist das.« Sie: »Ja; du vor allem, um alte Substanz zu erhalten.« Jetzt spielen sich die Blumentals die Bälle zu, wechseln in den Angriffsmodus.

Er: »Mein Beispiel ist Wörlitz. Heute Sachsen-Anhalt. Da ist der Fürst Franz im 18. Jahrhundert gewesen. Das waren 58 000 Einwohner, die dieser Fürst zu versorgen hatte. Ich sage das jetzt verkürzt, das letzte Wort auf dem Totenbett war: ›Der einzige Wunsch war: Habe ich Arbeitsplätze für meine Bürger geschaffen?‹« Sie fällt ihm ins Wort: »Komm, lass es sein…« Seine Stimme beginnt zu zittern: »Würdest du bitte ganz elementare Vorgänge meines Denkens an dieser Stelle nicht ständig ad absurdum führen?«

Nur meine Anwesenheit scheint ihn noch zu

bremsen. »Das sind meine Überlegungen. Wenn ich an einer Veröffentlichung arbeite, dann ist das ein Rückbesinnen auf diese Aufklärungszeit, die viel fortschrittlicher war als manches, was heute bei uns passiert. Verdammt noch mal!«

Dann herrscht Ruhe. Es kriecht eine unangenehme Stille in unser Gespräch.

Der Herr

»Da ging's nicht mehr nur um die Wurst. Da ging's um den ganzen Grill.« Alfred Prignitz ist kein großer Redner, redet dafür Klartext. Als Blumental immer häufiger auftauchte und von Integrierter Landwirtschaft schwärmte, ignorierte er ihn einfach. Die Wessis kommen und gehen, er hatte anderes zu tun.

Er verfluchte die neue Zeit, und überhaupt. »Ich wohne hier seit achtzig Jahren. Ich vertrete den Standpunkt: Solange mein Herz schlägt, mache ich was für meinen Ort.« Was hatte er sich in letzter Zeit alles bieten lassen müssen? Die DDR sei ein Unrechtsstaat gewesen und die LPGs hätten das Land zugrunde gerichtet? Geschenkt. »Ich lach mich tot!« Der schmächtige Mann mit den abgearbeiteten Händen war der Boss. Sie nannten ihn den *Herrn.* Er war Chef über einen Großbetrieb mit 2500 Hektar Land. Manche Arbeiter zogen die Mütze vor ihm, wie einst beim Grafen.

Ohne Alfred Prignitz lief nichts. Als er im Ruhestand war, bekam er es mit dem Herzen. Der Mann, der unbesiegbar wie ein Siegfried auftrat, musste auf die Intensivstation. Die Ärzte verpassten ihm mehrere Bypässe. Schließlich krachte es auch noch im Kopf. Ein Schlaganfall. Er überstand auch diese Attacke. Die Schicksalsschläge machten ihn ruhiger, fast milde. Jetzt erhielt ich Audienz. Fast drei Stunden, immerhin.

Prignitz muss geschrumpft sein. Er wirkt wie ein knorriger, alter Baum. Achtzig Jahre ist er alt, sein halbes Leben, 44 lange Jahre, steckte er in die Landwirtschaft. Sein Dorf werde er schützen, solange er lebe, sagt Prignitz. Als er noch bei Kräften war, galt die einfache Regel: »Ordnung muss sein.«

Er jagte leidenschaftlich gerne, war Vorsitzender der Jagdgenossenschaft. Als kleiner Traktorist hatte er angefangen, als strammer Genosse arbeitete er sich hoch. Er brachte es zu sieben Kindern, etlichen Enkeln und einer Diamantenen Hochzeit. Sein Wort war Gesetz. Als der Dorfwirt einmal zu lange für sein Bier brauchte, schossen Jagdfreunde, die gemeinsam mit Prignitz von der Pirsch kamen, mit einer Saufeder in die Decke. Dann ging es fix. Die Löcher im Putz seien noch heute in der Dorfkneipe zu sehen, berichten seine Bewunderer.

Es muss ihn doch berührt haben, frage ich, als nach vierzig Jahren erst sein Land und dann sein Betrieb zusammenbrach. »Sicher. Ich habe vier Jahre gebraucht«, antwortet der *Herr*. Er sei ruhig geblieben, erzählt er, »bis es zu diesen Stilllegungsflächen kam, die ich vorher in meinem Leben überhaupt nicht kannte. Wir haben jeden Quadratmeter bestellt, während jetzt Hunderte Hektar brachliegen. Die Ländereien und Felder waren in einem besseren Zustand als heute. Die Wiesen sind heute so schlecht geworden, da kann keine Kuh mehr Milch geben, bei dem Futter.« Er wird wütend, seine Gesichtsfarbe wechselt in ein bedrohliches Dunkelrot. Das Herz. Der Bluthochdruck. »Menschen verhungern, hier werden Flächen stillgelegt. Das kann ich nicht verstehen, das will ich nicht verstehen.«

Blumental sei einer dieser Blender aus dem Westen gewesen. Der Landmann winkt ab. »Sein erstes Objekt war großer Mist. 860 000 DM für einen Radweg von der Gaststätte *Darritz* quer durch den Wald zum See. Fahren Sie mal da hin! Da müssen Sie mit dem Panzer durchfahren, um dem Weg zu folgen. Nichts ist gemacht worden.« Prignitz erregt sich. Das Geld sei mit vollen Händen ausgegeben worden. Es floss in Strömen, wie aus einer geborstenen Wasserleitung. Nur sei bei den Menschen nichts angekommen. »Blumental hat Pläne über die Menschen hinweg gemacht. Das war sein größter Fehler.« Der *Herr* schüttelt sich am ganzen Leib. »Er hatte immer das große Portemonnaie, aber keinen Pfennig Geld in der Tasche.«

Ein Traum soll wahr werden

Hans Blumental konnte kaum schlafen. Was für eine Chance! Auf den Spuren seiner Vorbilder Lenné und Schinkel wollte er ein ganzes Dorf als Ensemble neu gestalten. Er musste sich beeilen, das spürte er, denn die Vierseithöfe verfielen und die Fördertöpfe würden eines Tages versiegen. Am Karfreitag 1996 ließ ein Sturm eine der Scheunen wie ein Kartenhaus zusammenfallen und begrub das neue Auto eines Einheimischen. Die Kirche rottete vor sich hin. Das Gutshaus verkam. Der Park, in dem seit Generationen Gebeine der Königsmarcks ruhen, verwilderte weiter in einen undurchdringlichen Urwald.

Die Zeit war günstig. Die Regierung erklärte den *Aufbau Ost* zur nationalen Aufgabe und öffnete ein Füllhorn an Fördergeldern. Wer zuerst kam, musste nur zugreifen. Es waren Goldene Jahre. Die Behörden lockten mit Programmen von bis zu neunzig Prozent Förderquote. Gelder flossen. Man musste nur wissen, woher und wohin. Blumental goss viel Planer-Lyrik wie Dorferneuerung, Nachhaltigkeit und sanfter Tourismus in Förderanträge. Sein Zauberwort hieß: ILE. Das klang wie ICE nach Zukunft und Fortschritt und bedeutete *Integrierte Ländliche Entwicklung*.

Auf dreißig Seiten sammelte er Zeitgeist-Begriffe wie andere Briefmarken oder Münzen. Man müsse das Schöne mit dem Nützlichen verbinden, zum Nutzen der Menschen auf dem Lande. So entstünden sichere Arbeitsplätze auf der Basis vernetzter Strukturen. Das machte Eindruck. Es klang einfach anders als bei den vielen aufdringlichen Vertretertypen, die über das Land herfielen und satte Gewinne für alle versprachen. Vollmundige Heilsbringer, die mit goldenen Siegelringen an den Fingern ausschwärmten, um Ostdeutschen Marmorklos oder Versicherungen anzudrehen und abends auf die Abschlüsse an der Hotelbar anzustoßen.

Hans Blumental wirkt jetzt hochkonzentriert. Sein Blick ist in sich gekehrt. Parkanlagen in Preußen seien stets von Träumern und grünen Pionieren angelegt worden, die weit ihrer Zeit voraus waren. Planer wie Peter Joseph Lenné oder Hermann Ludwig Heinrich Fürst von Pückler. Sie hätten sich nicht für das Land interessiert wie es ist, sondern wie es sein sollte. Das sei sein Ansatz. Offene Parklandschaften sollten ermöglichen, was den Menschen am meisten fehlte: Großzügigkeit, freies Denken und das Genießen von Schönheit.

Für den Bruchteil einer Sekunde schaut er hoch, jongliert mit der Lesebrille und bleibt doch so fern. Vielleicht promeniert er gerade mit Fürst Pückler durch sein von ihm gestaltetes Gartenreich. Oder mit Lenné durch den Wörlitzer Park? Schließlich rückt er die Brille zurecht und spannt seinen Körper, als wollte er in einem Festvortrag den Höhepunkt seiner Rede unterstreichen: »Ich habe einen Park erlebt, das ist die Insel Hombroich bei Düsseldorf. Ich kann Ihnen nur empfehlen, da mal hinzufahren. Es ist ein dreißig Hektar großes Areal. Das ist in einer Erftlandschaft, also ruppige Wiesenlandschaft mit dem kleinen Flüsschen Erft, dort steht ein Gutshaus.«

Blumental wirkt losgelöst von Raum und Zeit. Er schwärmt von seiner Trauminsel wie ein junger Liebhaber: »Ein Künstler hat sich angesiedelt, Anatol. Er ist in Düsseldorf sehr bekannt. Ein Immobilienmakler hat Pavillons errichten lassen. Er hat asiatische Kunst gesammelt und von Professor Heerich von der Kunstakademie in Düsseldorf Pavillons bauen lassen. Sie sind von wunderschöner Qualität, Einfachheit und einer Art, wie Architektur und Landschaft, die miteinander kommunizieren können. In diesem Kontrastverhältnis lösen Kunst oder Kunstgegenstände, Bilder, Skulpturen, was auch immer, einen unerhörten gesteigerten Effekt aus. Denn die meisten Museen sind in der Stadt, aber sein Ziel war, ein Museum für seine gesammelte asiatische Kunst auf dem Lande in einem solchen Park zu etablieren. Diese Idee halte ich für eine der schönsten überhaupt.«

Hans Blumental faltet seine Hände über den Bauch wie ein Buddha. Er gibt sich zum ersten Mal etwas entspannter. *Das wollte ich*, scheinen seine Augen zu sagen, *wenn man mich nur gelassen hätte*. Aus Herzdorf sollte sein Hombroich werden. Seine Trauminsel. In der rheinischen Heimat hatten Planer eine alte NATO-Raketenstation in ein internationales Kunstprojekt verwandelt. Das sollte doch in einem brandenburgischen Militärnest gleichfalls möglich sein.

In den letzten Stunden unseres Gesprächs habe ich immer weniger gefragt oder gesagt. Ich saß wie an einem Krankenbett oder in einer Werkstatt und hörte einfach zu. Mittlerweile sind wir ziemlich erschöpft. Es ist dunkel geworden. Linda Blumental kommt in das Wohnzimmer und schaltet das Licht ein. Sie könne zum Abendessen nichts Vernünftiges anbieten, entschuldigt sie sich ungefragt. Wir verabreden uns in einem Landhotel zu einem gemeinsamen Abendessen. Blumental ruft mir noch zu, dann könnten wir auch über seine neuesten Verrücktheiten reden. Er entwerfe gerade ein Feriendorf in Bayern, nach den neuesten Erkenntnissen und Standards. Mit klimaneutralen Häusern im Allgäu-Bauernhofstil und großzügigen naturbelassenen Parkanlagen. Ein Gesamtkunstwerk, ein großer Investor aus Berlin stehe bereit. Da könne er zeigen, wie hochwertiger, sanfter Tourismus des 21. Jahrhunderts auszusehen hat. Das sei doch spannend?

»Außerdem: Kennen Sie die Stadt Wladimir? Nein? Kannte ich auch nicht«, triumphiert Blumental. Wladimir befinde sich in der Nähe von Moskau. Hans Blumental klatscht in die Hände. Dort soll er den Stadtpark gestalten. Jetzt freut sich der fast Achtzigjährige wie ein Schuljunge, seine Augen blitzen vor Tatendrang: Lieber verrecke ich im Stadtpark von Wladimir als auf dem Sofa mit Blick auf den heimischen Fliederbusch.

IV Der Rausch

»Er hatte immer Hunger.« Sie zögert. Dann legt Anke Reinig los und lacht aufgekratzt ins Telefon. »Der Junge war so niedlich, so süß, so anders. Wie hieß er noch?« Die Schauspielerin betont *süß* und *niedlich*, dehnt die Vokale ü und i, als müsste sie in einer Talkshow brillieren. Der Name des Jungen fiele ihr nicht mehr ein, bedauert sie, da müsse sie ihren damaligen Freund fragen, er verfüge über ein großartiges Namensgedächtnis. »Der Junge war unser Maskottchen, ein kleiner Wilder, so anhänglich.« Jetzt dehnt sie das *so* zu einem langen furiosen Echo. *So* anhänglich.

Der kleine Wilde hatte blonde Locken, war neugierig und scheu zugleich. Schuhe trug er selten. Er lief barfuß durchs Dorf. Barfuß. Was für ein schönes Wort. Es klingt nach Kindheit. Unbeschwertheit. Leichtigkeit. Wie kein anderer konnte er auf Bäume klettern. Er sah aus, als wäre er einer Erzählung von Astrid Lindgren entsprungen. Als wäre Herzdorf Bullerbü. Der Barfußjunge beobachtete, was im Park vor sich ging. Das Sprechen fiel ihm schwer. Er war verdreckt wie eine Ziege, häufig kratzte er sich an seinem verstrubbelten Lockenschopf. »Ich kaufte ihm ein Läuse-Shampoo. Wir haben ihn erst mal entlaust.«

Am Bauch trug der Junge eine große Narbe. Die Spuren eines Schraubenziehers, den ihm sein Bruder in den Bauch gerammt hatte. Warum? Darüber verlor er kein Wort. Wie alt er wirklich war, wusste keiner. Niemand im Dorf kümmerte sich um ihn. Manchmal steckten ihm Nachbarn etwas Essbares zu. Ein echtes Straßenkind, dieser Barfußjunge. Er hatte viel Zeit, konnte gerade bis zehn zählen, obwohl er längst zur Schule ging. Den Unterricht schwänzte er häufig. Der kleine Blondschopf hatte Schwierigkeiten, seinen Namen zu schreiben.

Fritz nannten sie ihn, in diesem schönen heißen Sommer Mitte der neunziger Jahre. Er gehörte zu den Baders, den *Asozialen*, wie die Einheimischen sagten. Als die Theaterleute ins Dorf kamen, wahrte er anfangs Abstand. Jeden Tag wagte er sich ein Stück näher, versteckte sich im hohen Gras am Rande des Gutsparks, den Schauspieler, Regisseure, Hilfsregisseure, Dramaturgen, Maskenbildner, Beleuchter, Tontechniker, Kulissenschieber und anderes künstlerisches Volk okkupiert hatten. Fritz staunte und wunderte sich. Er sah Männer mit langen Haaren und dunkler Sonnenbrille auf dem Kopf. Diese trugen sie lässig, auch wenn die Sonne nicht schien oder längst untergegangen war. Er sah bunt geschminkte Frauen, die wie Prinzessinnen durch den Park wandelten. Er hörte Befehle, Rufe, Schreie, Lachen und Lieder. Es war dieses flirrende Schwirren und Plappern, das ihn faszinierte.

Fritz war der Junge, der den Turmsturz überlebt hatte. Als die Kirche noch eine Ruine war, der Park eine verlassene Ödnis und das Dorf unbewohnbar erschien wie der Mond. Die Schauspieler kümmerten sich um den kleinen Barfußjungen. »Wir haben ihm das Lesen und Schreiben beigebracht. Er war in der Lage zu lernen, nur niemand förderte ihn. Er hing besonders an einer Schauspielerin«, beschreibt der sonnenbebrillte Regisseur den Jungen, der ihn an ein Wolfskind erinnerte. »Er war ungefähr sieben, acht Jahre alt. Auch seine Schwester schaute häufig bei uns zu. Auch sie hatte blonde Locken, war verwahrlost und sprachlich gehemmt. Sie mochten die Theateratmosphäre. Das Proben. Spielen. Singen. Darstellen.«

Der kleine scheue Fritz taute auf, wurde Teil der Probenwelt. Er lernte Eifersüchteleien der Schauspieler um den besten Auftritt kennen. Fritz schaute mit großen Augen zu. Fühlte sich geborgen. Immer wieder trugen die Schauspieler ihre Texte vor. *Sappho* hieß das Stück, ein kaltes, kompliziertes Wort, das der Junge kaum aussprechen konnte. Die Theaterleute hatten ihm erklärt, es sei eine Art Seifenoper. Es gehe um vergeblich Liebende und scheiternde Helden. Am Ende stürze sich die Dichterin Sappho von den Klippen, weil der knackige Naturbursche Phaon, der jüngere Geliebte, ihre Gefühle nicht erwiderte. Fritz verstand nur wenig, aber was er verstand, war, dass es um die große Liebe ging. Eine Stelle gefiel ihm, als er auf der Sommerwiese lag, um bei den Proben zuzuschauen. »Süßer Geruch von Blumen weht von der Wiese/hierher zu mir/Göttin der Liebe/Empfange mein Blumengebinde/Komm und erscheine uns.« Wie faszinierte ihn Anke, die als junge Nebenbuhlerin fröhlich durch den Park wandelte. Eines Tages riss er mit bloßen Händen einen Rosenstrauch aus der Erde, um ihn seiner Heldin als Zeichen der Zuneigung zu überreichen. Anke Reinig war gerührt. Sie wollte den Jungen sofort adoptieren.

Die Schauspielerin sagt, es stimme, sie habe ihr Herz an den kleinen Barfußjungen mit den blonden Locken verloren. Doch das nächste Engagement stand vor der Tür, irgendwo in einer anderen Stadt, und ließ keine Zeit für Sentimentalitäten. Als der Sommer vorbei war, bauten die Theaterleute ihre Zelte wieder ab. Kurz darauf verschwand auch der kleine Fritz aus dem Dorf. Niemand vermisste ihn.

»Der ist im Heim gelandet«, erzählen die Einheimischen. Dort habe er Karriere gemacht, das sei bei der Familie üblich gewesen. Die meisten der acht, neun oder zehn Bader-Geschwister seien ins Kinderheim gesteckt worden. Über Nacht waren die Baders auf einmal weg. Wann genau, weiß keiner mehr. Die Trinker-Familie passte nicht mehr in das Dorf, das sich herausputzte, als wollte es Schauplatz für eine der Landarztserien werden.

Die Vision

Hans Blumental durchschritt sein Düsseldorfer Büro. Gedankenströme rieselten aus ihm heraus. Im Gehen erreichte er die höchste Umdrehungszahl. Es heißt ja schließlich Geh-Danke. Das hatte schon Nietzsche gelehrt. Sein Konzept musste überzeugen. Allein das zählte. »Wir haben das Dorf als Modellprojekt empfunden. Brandenburg hat über zweitausend Dörfer, die wollten wir alle wiederbeleben.« Zweitausend Dörfer! Alle retten! Während sich fröhliche Lachfalten in seine Wangenpolsterung schneiden, redet er sich warm. Ihm sei es darum gegangen, »ein Projekt zu entwickeln, das die Stagnation der Gegenwart auflöste und mit neuen Impulsen, neuen Arbeitsplätzen und einer neuen Konzeption füllte, die wirtschaftlich funktioniert.«

Neue Arbeitsplätze. Neue Nutzung. Neue Impulse. Aus Blumental purzeln die Wörter wie Hagelkörner aus einer Gewitterwolke. Das vereinte Land brauchte dringend Erfolge. Jobs. Grundsteinlegungen. Neueröffnungen. Die Meldungen vom zusammenbrechenden Osten konnten anderen den Pioniergeist austreiben. Ihm nicht. »Die Krise ist die Mutter aller Entwicklungen.«

So fügte es sich günstig, dass die Düsseldorfer Ministerialbürokratie Scharen von westdeutschen Aufbauhelfern in ostdeutsche Gefilde entsandt hatte. Jeweils von montags bis freitags schwärmten sie mit Erschwerniszulage und fabrikneuen Dienstwagen aus. Blumental kannte die meisten Minister und Staatssekretäre. Er sah, wie seine früheren Bekannten schwer an ihren C-Funktelefonapparaturen trugen, mit denen sie funklochbedroht ihre Aufbauwerke abwickelten und abends das Heimweh bekämpften.

Was bedeutet NRW?, flüsterten sie hinter vorgehaltener Hand? – *Nun Regieren Wir.* Was folgte, war befreiendes Lachen.

Blumental stimulierte, die Welt als Wille und Vorstellung zu begreifen. Dieses kleine Dorf war wie für ihn geschaffen. Abgeschieden. Isoliert. Eine verbotene Zone. Hier konnte seine Sehnsucht nach Auszeit, Selbstfindung und Ruhe einen Ort finden, mitten in the Middle of Nowhere. Ihm schien die nahe Autobahn kein Nachteil zu sein. Im Gegenteil: Sie konnte, geschickt argumentiert, als Nabelschnur ins gewohnte städtische Angestelltenleben betrachtet werden. Für Umweltbewusste konnte er auf den Bahnanschluss verweisen. Ein roter Schienenbus, »Ferkeltaxe« genannt, hielt ab und zu quietschend an einem zweistöckigen geklinkerten Bahnhof, der nach Santa Fe aussah. Ein baufälliges Etwas aus der Pionierzeit, dessen Eingänge und Fenster mit Brettern zugenagelt waren. Die Bahnlinie sollte stillgelegt werden. Das ließ Blumental in der Regel unerwähnt.

Hatte er nicht ein perfektes Paket geschnürt? Zurück zur Natur. Mit Rückfahrkarte und Autobahnanschluss. Von der Arbeit in den Bio-Hühnerstall, vom Großraumbüro in den Kräutergarten. Blumental stellte in seinem Kopf ein Rundum-Sorglospaket für Menschen zusammen, die auf der Suche nach dem authentischen Leben waren. Mit gesunder Milch, Heilkräutern, Yoga und, wenn es sein musste, einem Heubad als jüngster Hervorbringung der Wellnessbranche.

»Es war wie ein Rausch.« Blumental lässt das Wort wie ein Feinschmecker auf der Zunge zergehen. »Rausch. Man steigert sich rein. Ich sage Ihnen, dass ich Verträge unterschrieben habe, die ich gar nicht einhalten konnte, aber da musste ich durch.« Innerhalb weniger Wochen sammelte Blumental Millionen Fördermittel ein. Für die Kirche, dann für die Sanierung der Höfe. Immer häufiger standen gutgekleidete Finanzberater zwischen leeren Schafställen und tippten neue Kreditlinien in ihre Taschenrechner. Die Banker waren junge Menschen ohne Bauchansatz und von bemühter Höflichkeit, gleichwohl in ständiger Sorge, ihre braunen Lederhalbschuhe der Marke Budapester zu beschmutzen. Blumental hatte dieses junge Geldgemüse schnell im Griff. Er war in seinem Element. Sie hatten das Geld. Er die Ideen. Der Staat gab die Garantien. Das war der Deal.

Hans Blumental drückte aufs Tempo. Er gründete eine Landwirtschaftsfirma und schaffte eine Herde Galloways an. »Das Rind muss wieder auf die Weide«, verkündete er. »Die Menschen wollen sehen, was sie essen.« Es reiche mit der Massentierhaltung in zu engen Ställen. Er wiederholte gebetsmühlenhaft die Formel vom »Neuen Leben in alten Gemäuern« und projektierte ein Landhotel mit allen Schikanen. Selbstverständlich mit Reiterhof, Streichelzoo, Baumschule und einem Pflanzenkontor. »Heute weiß doch keiner mehr, wo Blumenkohl wächst.« Für das grüne Glück gründete er ein Gartenbauunternehmen sowie eine eigene Immobilienfirma, zur besseren Vermarktung von Höfen und Ställen, die nach und nach umgebaut werden sollten. Es war tatsächlich, als wollte er die ganze Welt retten. An manchen Abenden steigerte sich Blumental in nicht endende Monologe. Dann fielen Worte wie: Unaufhaltsam. Unbeugsam. Unverdrossen. Was für ein wunderbarer Gegenentwurf zur feindlichen Welt draußen – voller Verkehrsstaus, Plastikmüll und seelenloser Vorstädte.

Nach Bankern und Beratern kamen Bauleute und Handwerker. Sie entrümpelten alte Ställe und Scheunen. Es wurde in einem fort gehämmert, gesägt und geklopft. Ein neuer Gründergeist erfüllte das Dorf, auch der Park wurde geweckt und umgestaltet. Die Alten im Dorf staunten. *Was soll das bloß werden?* Blumental sprach von einer Jahrhundertchance und verkündete die frohe Botschaft, wozu die Marktwirtschaft bei kluger Planung und überzeugendem Konzept in kürzester Zeit imstande sei.

Später rückten Reporter an, um die Erfolgsgeschichte ins Land hinauszutragen. Sie speisten und tranken auf Kosten der Blumentals, füllten danach ihre Berichte mit Lobpreisungen.

Die Rechnung der Blumentals ging auf. Wohlhabende Wochenendurlauber fühlten sich angesprochen, träumten von einem Leben als Aussteiger auf Zeit. Genau so ein Musterdorf suchten sie: denkmalgeschützte alte Gemäuer mit großen Gärten und ausreichend Abstand zu einheimischen Nachbarn. *Ist der Blick wirklich unverbaubar?* Sie wollten dem Großstadtlärm entfliehen, bis sie sonntagnachmittags mit einem Seufzer – ach, ich muss schon wieder zurück – in ihr gewohntes Leben zurückkehrten.

Doch Hans Blumental hatte eingesehen, dass es durchaus angebracht war, die Gefühle der Einheimischen stärker zu berücksichtigen. Diese standen hinter ihren Gartenzäunen und schwiegen. So tauschte er seinen großen BMW gegen ein zwei Nummern kleineres Modell ein. Auch die Blumentals hatten wohl den neuesten ostdeutschen Flüsterwitz vernommen, der da hieß: Was bedeutet BMW auf Sächsisch? – Ganz einfach: »*Bartei* Macht Weiter.«

Irgendwann im Jahre 1992 beschlossen Hans und Linda Blumental, im Dorf zu bleiben. Sie hatten das ständige Pendeln satt und versicherten sich, dass sie nur so lange bleiben wollten, bis ihr neues Gesamtkunstwerk auf eigenen Beinen stünde. Sie lösten das Düsseldorfer Büro auf, verkauften ihre stattliche Villa in Velbert und steckten jeden Pfennig »in unser Dorf«, wie sie in ihrer alten Heimat zu erzählen pflegten. Da das Dorf eine Baustelle blieb, zogen Linda und Hans wie Nomaden von einem Quartier zum anderen. Wo gerade ein Plätzchen frei war, schliefen sie. Getrennt. Manchmal ruhte einer der beiden auf einer schmalen Liege im Büro, der andere zwischen Schrankwand und Schreibtisch im Nebenzimmer. Hans Blumental betrachtete Nachtruhe als vertane Zeit. Das verband ihn mit Preußenkönig Friedrich II, der den Schlafvorgang als Verschwendung empfand. Nutzlos. Überflüssig. Verschenkte Lebenszeit.

Eine eigene Wohnung wollten die Blumentals nicht beziehen, dafür hatten sie keine Zeit. Oder Ruhe. Sie lebten im permanenten Ausnahmezustand wie vor einer Premiere, die über alles oder nichts entscheidet. Abends lud Hans zu Vorträgen ein und referierte über Zukunftspotentiale des ländlichen Raums. Mit Pferden und Schafen sei es nicht getan. Dreitausend Seen zähle Brandenburg, bedauerlicherweise habe die Natur Herzdorf nichts davon vergönnt. Wann genau die Idee von der Kultur als neues Konzept geboren wurde, weiß keiner mehr genau. Doch diese Vision hatte etwas Verführerisches. Wer keine Berge oder Seen hatte, musste sich etwas anderes einfallen lassen.

Seit Jahrhunderten trieb es Dichterscharen aufs Land. Der expressionistische Dramatiker Georg Kaiser stürzte sich in der Abgeschiedenheit in einen wahren Schreibrausch. Er verfasste innerhalb weniger Jahre neunzehn Theaterstücke. Gerhard Hauptmann bearbeitete in einem Nest namens Erkner ein Drama und zwei Novellen. Seine Frau beschwor »jeden Tag das Schicksal, aus der Erkner-Öde befreit zu sein«. Bertolt Brecht mochte das kleine Landstädtchen Buckow. In dieser Öde sei es »friedlich und langweilig genug für die Arbeit«. Er entwickelte in einem Holzhaus, am Ufer eines idyllischen Sees, seine »Buckower Elegien«. Darin schlug er nach dem Volksaufstand vom 17. Juni 1953 der DDR-Regierung vor, sein Volk einfach aufzulösen und ein neues zu wählen. Erwin Strittmatter schrieb seine erfolgreichsten Bücher, *Ole Bienkopp* und den *Laden*, nicht weit von Herzdorf entfernt. Der kauzige Schriftsteller sah aus wie einer vom Dorf. Was ihn keineswegs störte. Im Gegenteil.

»Mit dem Rauschen der Linde im Einklang sein und ein gutes Buch lesen. Oder am Abend ein Konzert besuchen.« Hans und Linda Blumental wollten verschüttete Traditionen wiederbeleben. Das war ihr Plan. Allerdings hatte es in den Provinzen Preußens über Generationen an einem gewachsenen Bürgertum gemangelt. Seit den Soldatenkönigen war Brandenburg ein Bauern-, Tagelöhner- und Handwerkerland. Die DDR machte daraus ein Arbeiterland, erklärte es zum Paradies der Werktätigen. Seit der Wende drohte es Hartz-IV-Land zu werden. Mit riesigen Einkaufsmärkten, in denen die von fester Lohnarbeit freigestellten neuen Reservearmeen ihre freie Zeit verbringen konnten.

Blumental wollte Banken und Discountern keinesfalls das Feld überlassen. So wie der Sozialismus alles gleichmachte, agierte der neue Kapitalismus ähnlich gleichmacherisch, ohne Rücksicht auf bäuerliche Traditionen. Aus Straßendörfern wurden hässliche Vorstädte mit billigen Supermärkten, Reklameschildern und halbfertigen Gewerbegebieten. Deutschland, einig »Nettoland«. Ihr Gegenentwurf vom »Neuen Leben in alten Gemäuern« beseelte die Blumentals. Schließlich stießen sie auf einen jungen Regisseur, der in dieser Region aufgewachsen war. Sein Name: Friedrich Rheins. Dieser brachte einen Menschen mit, der aussah, als wäre er leibhaftig einem Theaterstück von Maxim Gorki entsprungen. Der Mann mit dem langen schwarzen Prophetenbart hieß Maxim Haller. Er sollte das Dorf verändern. Das tat er auch.

Theater am Rande der Welt

Manchmal erhob er die Hand zum stummen Brandenburger Gruß. Den langen schwarzen Bart durchzogen graue Schneisen, die sich wie toupierte Muster in die struppige Mannespracht schnitten. Als wollte er das Gesicht hinter einem Vorhang verbergen, hatte der mächtige Bart Besitz von einem Mann ergriffen, dessen wache Augen Neugier und Skepsis funkten. Der Bart war das Markenzeichen Maxim Hallers. Haller tauchte in der Regel aus dem Nichts auf. Plötzlich stand er da. Mit Prinz-Heinrich-Mütze, Sandalen und Zimmermannshosen. Selten mischte er sich ein. Er hörte zu. In der Welt wurde sowieso zu viel geredet.

Um seinen Hals baumelte ein braunes Ledertäschchen, in dem ein paar Bleistifte steckten. In der Hosentasche trug er ein kleines Notizbuch. Für Einfälle, Zufälle, Auffälliges. Er rauchte Zigarre, am liebsten alleine. Auf einem Baumstamm oder versunken in einer blühenden Sommerwiese. »Verrückte Dinge nehmen immer vom Ende der Welt ihren Lauf«, war einer dieser typischen Haller-Sätze. Kurz, knapp, auf das Wesentliche reduziert. Er war genau in seiner Kunst und schlampig in seinem Alltagsleben.

Dieses unscheinbare Straßendorf sei für Großes geeignet, sagte er und lächelte vielsagend, während er sich durch den Gorki-Bart strich, um die Wirkung seiner Worte zu überprüfen. In seinem Notizbüchlein hatte der schweigsame Mann acht Stücke festgehalten, die er in seinem Leben einmal aufführen wollte. Diesen Plan verfolgte er stur und kompromisslos. Vier Stücke hatte er bereits inszeniert. Nun plante er das fünfte, den »Milchwald« von Dylan Thomas.

Dylan wer? In Deutschland war der Waliser unbekannt. Im englischsprachigen Raum wuchs jedes Schulkind mit seinen Gedichten auf. Dylan Thomas war ein genialer Dichter – und ein großer Trinker. Eine Art Naturgewalt. Dieser Wortakrobat hat viele berühmte Bewunderer. Ein junger Folksänger tauschte seinen Allerweltsnamen Zimmermann in den Vornamen seines Idols ein; als Bob Dylan sollte der Mann weltberühmt werden. Igor Strawinsky bot ihm an, ein Opernlibretto zu schreiben, das unvollendet blieb. *Unter dem Milchwald* kam in Deutschland mit allen siebzig Sprechrollen ein einziges Mal auf die Bühne. Das war 1956 am Westberliner Schillertheater. Die große Besetzung gilt bis heute als zu aufwendig und zu teuer.

Der *Milchwald* erzählt die Geschichte eines Frühlingtages in der walisischen Kleinstadt Llaregubb. Die gesamte Einwohnerschaft tritt auf: Bauern, Briefträger, Fischer, Händler, Handwerker und Milchmänner. Es ist ein Stück über die kleinen Leute, über den Pfarrer und den Polizisten, die Trinker und Totengräber, die »schwimmfüßigen Muschelweiber und die reinlichen Hausfrauen«. Schulmeister Mr. Pugh träumt von einem Giftcocktail, wenn er seinem zänkischen Weib den Tee serviert. Die Frau des Briefträgers hält einen Dampfkessel bereit, um Briefe heimlich zu öffnen. Mrs. Ogmore-Pritchard, die einsame Witwe, erteilt ihren verstorbenen Exmännern ständig neue Anweisungen. Orgel-Morgan orgelt wie Johann Sebastian Bach, während Hafenhure Rosie Probert gelangweilt auf Kundschaft wartet. »Eigentlich gibt's hier im Ort ganz eklige Leute, wenn man sich's so überlegt«, sagt eine Frau im Stück.

Ein Spiel für Stimmen. Konzipiert fürs Radio. Dylan Thomas hatte zwanzig Jahre an diesem Text gefeilt, gelitten und bis zur völligen Erschöpfung gearbeitet. 1953 erlebte der *Milchwald* in New York eine Vorpremiere, eine szenische Lesung. Als das Publikum das Stück begeistert feierte, zog Dylan Thomas in die Künstlerkneipe *White Horse Tavern* im New Yorker Stadtteil Greenwich Village. Von den Einnahmen des Abends spendierte er ein nächtelanges Trinkgelage. Dylan überlebte es nicht. Er starb mit neununddreißig Jahren. Die eigentliche Bühnenpremiere fand ohne ihn statt.

Maxim Haller konnte sich keine siebzig Schauspieler leisten. Er hatte kein Geld, keine Förderer, keine Bühne. Genau wie Dylan Thomas. Dafür jede Menge Ideen. Er war von der Kraft des Stoffes überzeugt. Er hatte sich in einer kalten Kemenate unter dem Dach des heruntergekommenen Gutshauses notdürftig eingerichtet. Täglich schleppte er Kohlen, während der eisige Wind durch die Fenster zog, und überlegte. Was sollte er tun? In der Kneipe unter ihm wärmten sich unterdessen Fremde mit scharfem Scheitel, die ab dem dritten Bier auf »unseren Adolf« anstießen. Sie stritten bis tief in die Nacht, wann die Zeit für einen neuen Führer reif wäre.

Die einen wollten die alten Verhältnisse wieder, andere träumten von einem neuen Reich, die meisten wollten in Ruhe gelassen werden. Haller wollte sich nicht anpassen. 1992 löste er seine Anstellung am Theater vorzeitig auf. Familie, Freunde und sein Anwalt waren entsetzt. »Mit Mitte fünfzig einen festen Job hinzuschmeißen war reiner Wahnsinn«, schüttelt Sohn Boris Haller noch zwanzig Jahre danach den Kopf. Doch sein Vater besaß eine Pommersche Sturheit, auf die jederzeit Verlass war. Er hatte die Nase vom Staatstheater voll. Er wollte frei sein. Er hatte eine

Vision: »Was mir vorschwebt, ist Theater auf hohem Niveau und kann in der Form nur hier entstehen und nicht mehr in den Theaterbürokratien der Metropolen, dort, wo ein falsch gestelltes Antragsformular wie ein eiserner Vorhang jeden sprühenden Gedanken erschlagen kann.«

Ihm ging es wohl wie dem österreichischen Autor Martin Mandler, der schrieb: »Die Sitze hier stinken wie ein altes Eisenbahnabteil, und euer verficktes Theater stinkt genauso. Ihr seid zum Kotzen. Langweilig seid ihr, und ich weiß nicht, was ihr wollt, außer uns alle durch den Abend quälen. Außer das Theater zu Grunde richten, es fertigmachen mit euren Belanglosigkeiten. Mit eurem tödlichen Scheiß hier. Gymnasialprofessorentheater.«

Haller hatte mit dem lärmenden Kulturbetrieb gebrochen, mit all den Intrigen, ihren Urhebern und dankbaren Verbreitern. Er war im gleichen Alter wie die Blumentals. Warum also das Angebot ausschlagen? Warum nicht ein ganzes Dorf in eine Theaterbühne verwandeln? Mitten im Funkloch, ohne Erreichbarkeit. Er kaufte sich eine Eigentumswohnung und ließ sich mitten im Ort nieder.

»Neuanfang, privat und beruflich, das fand er gut – vom Ende der Welt aus etwas schaffen, frei nach eigenen Vorstellungen«, sagt Sohn Boris, der in Berlin lebt.

»Er konnte gut mit den normalen Leuten, Dünkel und Überheblichkeit gegen Schwächere und Dümmere waren ihm fremd.«

Haller hatte an vielen großen Häusern gearbeitet, doch wenn er ehrlich zu sich selbst war, musste er sich eingestehen, dass er mit ihren Apparaten nicht umgehen konnte. Ihrem Lärm, ihrem Rummel, ihrer Geschwätzigkeit. Er verachtete Kollegen, die ihre Vorgesetzten umgarnten, um Minuten später deren Entscheidungen zu verfluchen. Wenn sie auf Besprechungen den Mund aufmachen konnten, schwiegen sie. Erst beim subventionierten Bier in der Kantine liefen sie zu Hochform auf. Er hatte es so satt!

Haller hatte sich seit den sechziger Jahren als Bühnenbildner in der DDR und später als freischaffender Regisseur einen Namen gemacht. Er arbeitete an der Berliner Volksbühne und später am Maxim-Gorki-Theater, durfte sogar im Westen inszenieren. Eines seiner Stücke hieß *Glückliche Tage*. Für sein Glück wollte er keine künstlerischen Kompromisse eingehen und sich an nichts und niemanden verkaufen. Für diese Haltung war er bereit, die Rechnung zu bezahlen.

Eines Tages im Herbst 1996 hing ein handgeschriebener Zettel am Mitteilungsbrett vor dem Herzdorfer Feuerwehrhaus. »Suche Mitarbeiter! Wer hat Lust, an übergroßen Figuren für ein Theaterstück mitzuarbeiten?« Auf diesen Aushang hin meldete sich kein Mensch. Bald sprach es sich im Dorf herum, dass der Aufruf vom Bärtigen aus dem Gutshaus war. Nachts drangen aus seiner Mansarde merkwürdige Stimmen: »Nur du kannst in den vorhangblinden Schlafzimmern die Kämme sehen, die Unterröcke über den Stuhllehnen, die Krüge und Becken, die Gläser mit falschen Gebissen, an der Wand das ›Du sollst nicht‹ und die vergilbenden Bitte-recht-freundlich-Bilder der Toten.«

Die Herzdorfer hörten die Geisterstimmen und wunderten sich. Doch auf eine bestimmte Art fühlten sie sich angesprochen. Zeit hatten sie im Überfluss. Was soll man schon machen, ohne Job, ohne Aufgabe, ohne Aussicht auf Besserung? Wieder und wieder hörten sie diese seltsamen Stimmen: »Nur du kannst hören und sehen, hinter den Augen der Schläfer: die Fahrten und Länder, Labyrinthe und Farben und die großen Seen ihrer Träume.«

Zuerst kamen die Frauen aus dem Dorf. Die meisten hatten ihre Jobs verloren und viel Zeit. Dann wagten sich auch ein paar Männer in die Figurenwerkstatt. Auch sie langweilten sich. Unmerklich entstand ein Gemeinschaftserlebnis, das neues Leben ins Dorf brachte. Die Herzdorfer trugen zusammen, was andere auf den Müll warfen, um Puppen zu basteln. Radsättel verwandelten sich in Köpfe, Joghurtbecher in Nasen und Gardinen in wallende Ballkleider. Hans Blumental schaute vorbei und lästerte: »Was soll das bloß werden?« Maxim Haller brummte: »Der macht uns nichts kaputt«, drückte die Starttaste seines Gerätes. Die Erzählerstimme hob an: »Anfangen, wo es anfängt. Nur du kannst die Häuser schlafen hören, in den Straßen, in der langsamen, tiefen, salzigen, schweigenden, schwarzen, bindenumhüllten Nacht.«

Die Puppenbauer hielten einen langen Winter durch. Sie recycelten, lachten, fluchten, stritten, warteten auf Hallers entscheidendes Kopfnicken. Als erste Figur erblickte *Opi Milchmann* das Licht von Herzdorf. Miss *Rosie Probert*, die Straßendirne, erfreute sich einer Frisur aus Schnüren. Die Brustwarzen waren aus künstlichen Blüten. »Reines Dekomaterial. Was wir in die Hände bekamen«, lächelt verschmitzt eine der Puppenmacherinnen aus dem Dorf. Es war »Kulturarbeit«. Freiwillig. Fröhlich. Ohne Förderanträge. Weder gab es Kommissionen noch einen einzigen Groschen Steuergelder. Die Figuren aus Dylans wundersamer Welt wuchsen bis auf drei Meter Größe, der lustige Postbote oder die strenge Witwe. Theater macht Arbeit, aber glücklich.

Stulle, der Fernfahrer ohne Führerschein, winkt

ab, als ich ihn frage, was das Dorf ohne den *Milchwald* wäre? Ohne Maxim Haller? Er zieht die Schultern hoch, um ein lautes »Scheiße wäre das« hervorzustoßen. »Eine Katastrophe. Schicht im Schacht. Dann wäre alles wie früher, als nichts war.«

Zeit. Raum. Ruhe

Schweiß floss. Die Gärtner schufteten bis zur letzten Minute. Das letzte Stück Rollrasen wurde im Hof verlegt. Fähnchen flatterten im Wind, eine Tanzgruppe probte, die Zapfanlage unterm Sonnenschirm wurde vor dem neuen Reitstall postiert. »Landhotel Brandenburger Hof«, prangte in goldenen Lettern am frisch geklinkerten Eingangstor. Im Stall schnaubten neue Haflinger und Islandpferde und warteten auf die Töchter der Besucher. Der alte Germhof hatte sich innerhalb von zwei Jahren von einem tristen LPG-Schafstall in einen schicken Vierseithof verwandelt.

Die Blumentals strahlten an diesem Sommertag 1994, in einer Zeit, als die letzten Russen das Land verließen. Honoratioren aus der Kreisstadt hatten sich eingefunden, die *Rotarier* waren erschienen. Hans Blumental sprach in seiner Eröffnungsrede von »schöner Architektur, die für kommende Generationen genutzt werden kann«. Er verkündete das Motto: »Berlin ist so nah, die Landschaft weit.« Das Publikum applaudierte dankbar. Er zitierte den Preußenkönig, jeder möge nach seiner Fasson selig werden. Das wünsche er diesem Hause und erinnerte an die Regel des Großen Kurfürsten, die besagte: Wer fünf Jahre in seinem Reich gearbeitet hatte, war fortan Landeskind. In zwei Jahren sei es so weit, sagte Blumental lächelnd, dann seien sie erwachsene Bürger dieses Landes. Im Herzen aber bleibe er Rheinländer, gab er zu, die ließen alle fünfe gerade sein. Wer weiß, vielleicht erlebe das Dorf eines Tages einen Rosenmontagsumzug. Die Festgesellschaft lachte wohlwollend. Ein zweiter Redner ergriff das Wort, lobte Tatkraft, Risikofreude und fünf Millionen D-Mark, die in diesen verlassenen Flecken Erde investiert worden seien.

Hans Blumental erhob das Glas, flirtete seine Frau an, die sich bei ihm untergehakt hatte. In diesem Moment wirkten sie wie eines dieser Unternehmerpaare aus Hochglanzheften, denen die Welt zu Füßen liegt. Blumental ließ das Glas in der Hand kreisen, womit er unterstrich, dass er noch einige Worte anfügen wollte. Die märkische Streusandbüchse sei karg und trocken, hob er an. Hier wachse alles zurück, hätten manche gewarnt. Tja, sagte er, lächelnd, nun könne sich jeder vom Gegenteil überzeugen. Feudalismus sei eine schicke Sache, fuhr er fort, mit sicherem Abstand betrachtet. Einige grinsten. Ohne Feudalismus und Kleinstaaterei aber gäbe es in Deutschland nicht diesen Reichtum an Schlössern, Herrenhäusern und Gutshäusern. Das sei weltweit einmalig. Der Adel wollte seine Gäste beeindrucken. Für die Nachgeborenen sei dieses Erbe Last und Lust zugleich.

Sein Konzept *Integrierte Ländliche Entwicklung* setze die Ideen Lennés fort, das Schöne mit dem Nützlichen zu verbinden. Blumental war nicht mehr zu stoppen. Er breitete Visionen aus wie andere Handtücher zum Reservieren ihres Liegestuhls. Schaut her! Was wir geschafft haben! Ein Landhotel mit achtzig Betten, Apartments, Restaurant und Reiterhof. Ein Büro für Landschaftsplanung. Eine Immobilienfirma. Ein Garten- und Landschaftsbaubetrieb. Nicht zu vergessen die Landwirtschaft, Mitglied im Bioland-Verbund. Der Gastgeber war in Feierlaune, als wollte er die ganze Welt umarmen. »Dass wir wieder zurückgehen, ist nicht mehr vorstellbar«, ließ er einfließen. Dann dankte er für die Aufmerksamkeit, während Linda ergänzte, sie werde mit ihrem Mann *eine kongeniale Verbindung von Natur und Kultur* anstreben. In Zukunft werde viel Spannendes passieren. Sie sei »als junges Ding« bei einem bekannten holländischen Orchester gewesen, habe in Leningrad ein halbes Jahr Sprachen und Kultur gelernt. An diesem Punkt klatschte sie aufmunternd in die Hände. »Genug der Worte. Lasst uns feiern.«

Erleichterter Beifall brandete auf, als flatterte ein Taubenschwarm auf das neu gedeckte Dach des Hotels. Linda bat die Tanzgruppe, ans Werk zu gehen. Musik setzte ein. Die Menge vertrat sich die Beine, während manche fragten, was kongenial zu bedeuten habe. Hans Blumental tänzelte von einem Gast zum anderen, nicht müde werdend zu betonen, man wolle hier keinen Biedermeier, sondern »behutsamen Tourismus«. Etwas, was Generationen später noch bestehen werde. Sein strohweißer Künstlerschopf markierte den Mittelpunkt. Wenn es um seine Projekte ging, konnte er bis zur völligen Erschöpfung reden. Was er nicht merkte: Seine Energie war wie eine Naturgewalt. Automatisch gingen viele Menschen in Deckung.

Während die Band aufspielte und das Bier aus den Hähnen floss, alarmierten Mitarbeiter die Chefin. Vor der Hoffeinheit mache jemand Ärger. Ein Fall für Linda. Später erzählt sie mir darüber: »Als wir die ersten Gäste hatten, war der Nachbar von der anderen Seite da. Der stand mit dem Gewehr und hat laut geschrien, natürlich ein bisschen alkoholisiert.« Der Mann mit der Flinte kochte vor Wut. Er war außer sich, er werde alle zur Hölle jagen, die seine Einfahrt zuparkten. Der Nachbar fuchtelte mit seiner Flinte. Seitdem die Blumentals aufgetaucht seien, brüllte er, hätten sie »mit ihrem Hokuspokus das Dorf kirre gemacht«.

Linda Blumental senkt die Stimme, flüstert fast: »So haben wir angefangen. Ich musste immer aufpassen, dass die Gäste nicht merken, dass diese Abneigung von manchen Dorfbewohnern rüberkam.« Doch das klappte nicht immer. Einer warf mit Kastanien, ein anderer drohte mit der Eisenstange, wenn Besucher ihre Kinder auf Ponys über den Fußgängerweg führten. Solche Begegnungen der anderen Art waren selten, aber verbreiteten sich wie ein Lauffeuer, türmten sich zu Groß-Ereignissen auf und brannten sich in die Köpfe ein: abends am Küchentisch der Einheimischen oder im vornehmen Landrestaurant »Sanssouci«, in dem sich die Gäste bei französischem Rotwein die Zeit vertrieben. Es verstand sich von selbst, dass sehr unterschiedliche Erzählungen kursierten. Das Dorf lebte längst in getrennten Welten, die so weit auseinanderlagen wie Sonne und Erde.

Die Blumentals ließen sich nicht beirren. Der Aufbau ihrer Kultur-Landschaft erreichte im Frühjahr

1995 den nächsten Höhepunkt. Die alte Gutskirche erstrahlte im neuen Glanz und nannte sich fortan Kulturkirche. Im Dach hatte Hans Blumental sein Atelier eingerichtet. »Die erste Veranstaltung war ein kleines Kammerorchester aus Berlin, mit einem fantastischen Trompeter. Die Kirche war so voll, dass man warnte, dass sie zusammenbrechen könnte.« Linda Blumental schwärmt. »Die Kirche hatte eine herrliche Akustik. Diese wunderbare Farbe. Wenn das Licht durch die Fenster hereinkam, und man hatte Theatervorstellungen, das waren Momente, da war ich…« Sie zögert eine Sekunde, in die ihr Mann ein befreiendes Wort ergänzt: »Glücklich!«

Ob er in der Kirche Glücksmomente erlebt habe? Feuerwehrchef Hans Brenner schaut mich ungläubig an. Er sei in der Kirche »eingesegnet« worden, daran erinnere er sich: »Das muss 1963 gewesen sein. Das war der Pastor Paul aus Rossow. Müllers Hochzeit, glaube ich, war der letzte Akt. Siegfried und Herta haben da geheiratet. Das ist meiner Meinung nach das letzte gewesen. Das muss 1965 oder 1966 gewesen sein.« Sonst fällt ihm zur Kirche nichts ein. Sie wurde wegen Baufälligkeit gesperrt. Wirklich vermisst hatte das Gotteshaus niemand. Die Gemeinden schrumpften, die Kirchen verfielen. Manchmal wurden die Gottesdienste in der Gaststätte gefeiert. Die Augen des Kirchendieners strahlen. »Da hatte das Gesangbuch noch Henkel.«

Vom einst allgegenwärtigen Protestantismus war nicht viel geblieben außer leeren Gotteshäusern. So reihte sich Herzdorf in die lange Liste der Fördervereine ein, in denen Zugereiste nach neuen Nutzungen suchten, um wenigstens die Kirche im Dorf zu lassen. Als 1997 ein Hobby-Fotograf seine erotischen Bilderwelten in der Kirche präsentierte, weigerte sich die Pastorin, in diesem »entweihten Haus« weiter Gottesdienste durchzuführen. Sie blieb mit ihrem Protest mutterseelenallein. Die schweigende Mehrheit genoss die neue Kirche mit ihren Konzerten, Feuerwehrbällen und Akt-Ausstellungen.

»Nein. Ein Potemkinsches Dorf oder Abschreibungsobjekt wollten wir nicht sein.« Linda zieht ihre Augenbrauen streng nach oben. »Und um Gottes willen kein billiger Jakob! Ich bin PR-Frau. Was ist schöner, als etwas aufzubauen und eigene Erfahrungen weiterzugeben?« Die eigentliche Kunst sei herauszufinden, was in den Köpfen der Menschen vor sich gehe, was sie sich wirklich wünschten. Sie berichtet von »22 Veranstaltungen, darunter fünf Kunstaustellungen mit mehr als 4500 Besuchern im ersten Jahr.

Aus dem Nichts! Das muss man erst einmal schaffen!« Doch Linda wollte mehr, eine Art Gesamtkunstwerk. »Mir war von Anfang an klar: Musik gibt es überall. Ich habe in jungen Jahren gelernt, wie man in der Provinz Tourismus mitentwickeln muss. Da gab es ein kleines Dorf, und die Leute haben Shakespeare gespielt. Alles voller Begeisterung. Das gibt es noch heute, dieses Dorf, es heißt Diever.«

Was in der Nähe des niederländischen Groningen gelang, sollte auch in Brandenburg möglich sein. Shakespeare in Diever? Wir machen Gorki!

Linda Blumental legte los. Tag und Nacht saß sie an der Schreibmaschine, tippte Einladungen, faxte Programme in die Welt hinaus und telefonierte unermüdlich wichtigen Kultur-Menschen hinterher. »Ich habe 287 Veranstaltungen in der Kirche durchgeführt.« Ihre Augen funkeln: »Wir haben Rachmaninow ins Dorf gebracht.« Lindas Signale erreichten die gebildeten hauptstädtischen Schichten. Sie lebten in den neunziger Jahren äußerst günstig in großzügigen Altbauwohnungen mit Stuck, hellen Flügeltüren und knarrendem Parkett. Kunst hinter teurem Glas und lange Buchreihen in edlen Holzregalen kündeten von bildungsbürgerlichem Stand. Hier lebten altgewordene Achtundsechziger mit Armani-Jacketts, Geheimratsecken und Zöpfen. Frauen, die mit Ayurveda, Malkursen und

Yoga in der Selbsterfahrungsgruppe ihre Zeit verbrachten. Beim weißen Lorraine, 89er-Jahrgang, war man sich einig: Der Mensch ist gut, die Leute sind schlecht.

Lindas PR-Konzept versprach authentisches Landleben, gekrönt von einem Hauch Hochkultur. Auf ins *Jrüne*! Zurück in die Kindheit: Baumhäuser bauen, Bäche stauen, Höhlen graben! In den gehobenen Gesellschaftsschichten war es schick geworden, freie Zeit auf dem Land zu verbringen. Dazu die passenden Gummistiefel für zweihundert Mark. So träumten die Glückssucher von der Rückkehr ins Paradies. Mit Wäldern und Wiesen, Störchen, Lämmern und glücklichen Kühen. Es lebe das einfache Leben! Der Wiederkäuer scheißt den Dünger gratis auf die Weide, der Rest gedeiht von allein. Hatte nicht Vordenker Hans Magnus Enzensberger die Richtung gewiesen? Die Luxusgüter der Zukunft seien nicht mehr in den Duty-free-Shops zu kaufen. Sie hießen vielmehr: Zeit. Raum. Ruhe.

Die Geliebte

Mit der Ruhe war es am Wochenende vorbei. Erst tauchten einige Luxusschlitten auf. Dann immer mehr, schließlich parkten sie die Dorfstraße zu. Die Herzdorfer standen hinter Gardinen, wunderten sich; bei manchen ballte sich die Faust in der Tasche. Sobald die neue Kirche für Feste genutzt wurde, und das wurde sie immer häufiger, verwandelte sich das Gotteshaus in einen höfischen Ballsaal und der angrenzende Park in einen Garten der Verschwendung. An langen, geschmückten Tischen servierte das Personal mehrere Gänge eines Hochzeitsmenüs: In der Regel Carpaccio, Wildplatte mit Preiselbeeren, Flusskrebse im Weinsud und zum Abschluss Brandenburger Götterspeise. Es sah aus wie in der Sonntagabend-Welt der Rosamunde Pilcher.

Ein Anwohner: »Es war filmreif. Da stehen auf einmal dreißig Luxuslimousinen, die kommen vorgefahren mit Trara und einem riesen Aufgebot an Publikum. Dazu eine gigantische Tafel im Gutspark. Da wird die Hochzeit ganz in Weiß gefeiert. Das an einem Sonnabend mitten im Sommer. Mit Feuerwerk.« Die rauschenden Feste im Park zogen sich bis tief in die Nacht.

Das Dorf blühte auf. Es pulsierte. Unterm ausgebauten Kirchendach traktierte Hans Blumental seine ständig wachsende Mitarbeiterschaft mit neuen Ideen. Mal konzipierte er Talsperren in Indien, mal eine Uferpromenade am Rhein. Pausen kannte er nicht. Er war ein 24-Stunden-Arbeiter. Jeden Morgen schaute er auf den Gutspark. Dieser Garten war sein Sehnsuchtsort. Sanfte Hügel, künstliche Terrassierungen, knorrige Eichen und mächtige Rotbuchen, weite Sichtachsen, als Blickfang ein malerischer Teich. Blumental hatte Sichtachsen freigelegt und dem Park seine klassische englische Landschaftsform zurückgegeben. Wer einen Garten plant, entwirft sein Wunschbild der Welt. Aber Blumental wollte mehr. Der neue Park sollte Besucher anlocken. Deutschland plante in Hannover die Expo 2000-Weltausstellung. Ungeduldig spornte er seine Leute an: »Wenn wir den Zuschlag erhalten, macht das noch einmal zehn bis fünfzehn geförderte Jobs. Das Land braucht Ideen. Ich habe sie.«

Linda nutzte das Hotel als PR-Zentrale. »Der Köder muss dem Fisch schmecken, nicht dem Angler«, verkündete sie. Die Journalisten bissen an und berichteten »vom neuen Leben in alten Gemäuern«, über ein Freizeit-Imperium mit Hotel, Landwirtschaft, Theater und sechzig neuen Arbeitsplätzen. Sogar die vornehme *Neue Zürcher Zeitung* widmete der Erfolgsgeschichte des Ehepaars eine ganze Seite. Es klang zu schön: zwei Helden aus dem Rheinland. Er plante, sie verkaufte das Ganze. Das kam an. Bald kamen auch Reporter von Funk und Fernsehen. Das sei Größenwahn, schimpften immer mehr im Dorf. Blumental wolle jede Wiese in einen Golfclub und jede Scheune in eine Wellness-Oase verwandeln. Er plane ganze Feriendörfer mit Tennisplätzen und Schwimmbädern. Wo soll das hinführen?

»Meinen Mann sehe ich meistens nur, wenn ein Fotograf uns beide auf dem Bild haben will.« Linda wollte diesen Satz ironisch verstanden wissen, doch je schneller sich die Räder drehten, desto weniger Zeit fanden sie füreinander. Es braucht immer einen Schuss Wahnsinn, die Welt zu verändern, spornte sich Hans Blumental an. Die beiden hatten im Dorf kein eigenes Zuhause. Sie lebten wie Wanderarbeiter auf Montage. Er schlief in leeren Gästezimmern. Sie nächtigte hinter dem Computer in der Rezeption. 1995 schenkte Linda ihrem Mann zum sechzigsten Geburtstag ein »persönlich eingerichtetes Zimmer«. Sie schlief weiter im Büro oder wo immer gerade im Hotel ein Bett frei war.

In diesem Sommer stellte Hans Blumental zwei junge Mitarbeiter ein. Der Mann sollte sich um die Landwirtschaft kümmern, die Frau um die Logistik. Sein neuestes Steckenpferd hieß GALA. GALA stand für Garten- und Landschaftsbau. Längst ging es nicht mehr nur darum, Landschaft zu ordnen, gestalten und zu verändern. So sollte alles, was in der Erde wächst, in einem eigenen Betrieb geerntet und vermarktet werden. Ein Kindheitstraum.

Sie war jung, blond, hübsch anzusehen und flocht sich ihr Haar wie Pippi Langstrumpf. Sie steckte voller Energie, war bodenständig, schlagfertig und unkompliziert. In der DDR hatte sie gelernt, aus nichts das Bestmögliche zu machen. Ihre Geradlinigkeit begeisterte Hans Blumental. Er machte die neue Mitarbeiterin zur Geschäftsführerin. Sie wurde Chefin des Hofladens, strahlte vor Glück und stellte keine Fragen. Jeder spürte es. Sie bewunderte Hans Blumental, seine Art des Auftretens, seine Weltläufigkeit, sein Wissen, seine Macht. »Ich habe bei dieser jungen Frau richtig Feuer gefangen. Ich habe mich ausgetobt, was menschlich ist. Ach, es war schlimm genug, aber es hat stattgefunden.« Blumental sagt diese Sätze betont nüchtern, als wäre es ein geschäftlicher Vorgang. Damals war er Hals über Kopf verliebt. In ihre Jugend, das Leben, das Risiko. Sie hätte seine Tochter sein können.

Er staunte über sich selbst, aber er genoss es in vollen Zügen: War das Leben nicht schön? Wann hatte er das letzte Mal nichts mehr essen, nicht mehr sprechen, nicht mehr schlafen können? Er fühlte sich auf einen

Schlag zwanzig Jahre jünger. »Das hat dazu geführt, dass ich meine Frau weggeschickt habe.« Für einen kurzen Moment schaut er mich verständnisheischend an, als wolle er um Absolution bitten. Blumental versinkt in seinem Sessel. Wieder spricht er zu sich selbst, als entdeckte er einen Zug, den er selbst noch nicht kannte. »Ich bin das zweite Mal richtig ausgebrochen aus der Ehe. Das habe ich in meiner ersten Ehe auch gemacht. Leider, weil ich sehr anhänglich bin, habe ich das für Jahre gemacht. Dieses Mal stand ich auch davor, wirklich alles zu vergessen.« Er wartet einige Sekunden ab, die sich zähflüssig zwischen uns schieben. Dann ergänzt er leise: »Da habe ich auch das Dorf vergessen.«

Die Affäre verbreitete sich wie ein Lauffeuer. Blumental hatte eine Geliebte.

Der junge Holzkünstler Jan Walde, den die Blumentals nach Herzdorf geholt hatten, war auch überrascht, wie offen sich alles abspielte. Wie auf einer Bühne. Auf meine Frage, ob die Geliebte die neue Frau Blumental geworden sei, sagt er unumwunden: »Sie hatte ihren knackigen Arsch, das war wichtig. Ich sage das wirklich so, genau so war das. Sie war deutlich jünger. Sie war eine Nette. Viel jünger, viel unkomplizierter. Sie hatte die Leichtigkeit, die Linda eben nicht hatte.« In der Öffentlichkeit gaben sich die Blumentals unverändert, wie Geschäftspartner, die den Erfolg ihres Unternehmens nicht gefährden wollten. Er bewunderte weiter Lindas Qualitäten als Gastgeberin, die für sein Weiterkommen und die Außendarstellung sinnvoll waren. Hans liebte durchaus seine Linda, dennoch betrog er sie, streifte mit der jungen Dame abends verliebt durch den Park. Und Linda wusste es. Die drei verwoben sich mehr und mehr in einem Spinnennetz aus Zärtlichkeit, Hass, Gier und Selbstbetrug. Eine Bekannte der Blumentals meint, es sei eine Katastrophe gewesen. »Ich sagte erst, Genies dürfen anders sein. Sie war jung, hat ihm die Augen verdreht.«

Mit der einstigen Geliebten wollte ich auch reden, konnte aber nicht. Sie ist vor Jahren unbekannt verzogen.

»Das hat alle Welt mitbekommen«, kommentiert Linda Blumental zartbitter. Auch sie sei nicht zum ersten Mal verheiratet gewesen. Nur wie er den Verstand verloren habe, das sei untragbar gewesen. Ich stutze. Als ob es beim Fremdgehen eine angemessene, akzeptable Form gäbe. Sie lacht schrill auf. »Okay! Ich spreche nicht von den Jahren, als ich Junggesellin war. Ich bin überall in der Welt herumgekommen. Ich war die erste Frau bei *Dow Chemicals* im Außendienst in Europa mit einem Etat von fünf Millionen Dollar. 1972. Sie können sich vorstellen, was das bedeutete.

Ich bin auch kein Kind von Traurigkeit.« Sie bremst ihren Redefluss, dann beugt sie sich nach vorne. »Ich werde nie vergessen, dass der Freund von dieser Dame anrief und sagte: ›Frau Blumental, da müssen wir aber etwas unternehmen.‹ Da habe ich gesagt: ›Wissen Sie was, dazu habe ich keine Zeit.‹«

Hans Blumental schwebte in einer anderen Welt. Er hatte eine abgelegene Naturschutzstation entdeckt, die seit Jahren verfiel. Er nutzte das Anwesen als persönliches Refugium und ließ einen Computeranschluss legen. Das Haus lag am See. Ein traumhaft schöner Sehnsuchtsort für Romantiker wie ihn. Es ging ihm gut. Er hatte erreicht, was er wollte: Sein Leben fühlte sich höher, leichter, einfach nach mehr an.

Unternehmerin des Jahres

Konnte sie einfach so tun, als wäre eine öffentliche Dreiecksbeziehung das Normalste der Welt? Linda zuckt zusammen, ihr Mund strafft sich, aber sie sagt nichts. Es entsteht eine Pause, während der ich in Echtzeit zu verfolgen meine, wie sie ihre Optionen abwägt. Obwohl ihr dieser schmerzhafte Punkt Augen, Mund, Ohren und das ganze Gehirn vernebelt, siegt am Ende ihr Stolz. Vielleicht, um Zeit zu gewinnen, kramt sie in Ordnern und zeigt mir alte Dokumente. Es sind Briefe, Zeitungsausschnitte, Protokolle des Fördervereins. »Linda, ach, Linda«, schrieb eine Lokalzeitung über die Powerfrau, »die viel bewegt, ohne immer gleich an das eigene warme Bett zu denken. Wer nur abwartet, wird bald nicht mehr wahrgenommen.« Sie kramt ein zweites Mal den Brief hervor, den eine Freundin ihr damals geschrieben hatte. Da heißt es »Linda ist PR-Frau. Sie weiß, was sie kann und wie sie es einsetzen muss. Belebt alte Beziehungen, knüpft neue Kontakte und findet den richtigen Ton, genau im entscheidenden Moment. Sie erkennt ihre Grenzen, manchmal auch im letzten Augenblick, nach einem harten Kampf mit sich und der Welt.«

Linda kommentiert die Zeilen ihrer Freundin so nüchtern es nur geht: »Das muss 1996 oder 1997 gewesen sein.« Das waren die wilden Jahre, als sie sich immer bedingungsloser in Arbeit stürzte, als sie alles tat, um die Affäre ihres Mannes wenigstens für Stunden vergessen zu können.

Linda war eine öffentliche Frau. Nein, sie wollte und konnte sich nicht verstecken. Sie war bereit zu kämpfen. Sie setzte sich jeden Abend in ihr Restaurant und wartete am Kamin auf Gäste. In der Mitte des Lokals stand ein langer alter Eichentisch, auf dem früher Uniformen zugeschnitten wurden. An den Seiten gruppierten sich kleinere Tische, die in Richtung auf den offenen Kamin angeordnet waren. Den Gastraum hatte Linda zu einem gutbürgerlichen Wohnzimmer arrangiert. In ihrem Kaminsessel lauerte sie wie eine verwitwete Gräfin, die ihr Schloss bewachte und von besseren Zeiten träumte. Stumm schaute sie stundenlang in die Flammen, die das frische Brennholz in Besitz nahmen, um beim ersten Gast, der das Restaurant betrat, in die Rolle der galanten Gastgeberin zu wechseln. »Das war mal der Schafstall«, fing sie an, wenn Besucher das Ambiente lobten. »Jedes Möbelstück ist eine Rarität und käuflich zu erwerben.« Dann ein Gastgeberlächeln. »Ach! Sie sind aus Berlin? Ich bin auch nicht von hier. Ich bin Holländerin. Lassen Sie uns über das neueste Stück am Deutschen Theater reden.«

So fand sich stets ein Gast, der Gesellschaft leistete und über die neuesten Aufführungen und Ausstellungen plauderte. Es ging um Antiquitäten und Anekdoten, um die Welt der Wohlhabenden, Einflussreichen und Schönen. Linda tankte geistig auf, wie sie es bezeichnete, ließ einfließen, dass der Bundespräsident schon häufiger »in unserem kleinen Dorf« gewesen sei. Mit seiner Frau, ganz privat. »Er ist bescheiden, so herrlich unprätentiös. Wenn nur nicht die Sicherheitsleute gewesen wären, die Tage zuvor alles auf den Kopf stellten. In jeden Kochtopf schauten die. Unglaublich! Aber er selbst ist ein Mensch, mit dem man wunderbar reden kann. Über alles. Wie mit Ihnen.«

Irgendwann steuerte sie die Gespräche mit den Gästen auf eines ihrer Lieblingsthemen. Die Herzdorfer könnten Bäume fällen, Hühner schlachten oder Fliesen legen, nur das Wort Service sei ihnen nicht in die Wiege gelegt worden. »Brandenburg war nun einmal eine Dienstleistungswüste. Da brauchen wir uns nichts vorzumachen.« Sie berichtet von Kellnern, die zum fünften Mal Tee mit Zitrone statt wie bestellt mit Milch serviert hätten. Wie sehr sie sich nach Japan sehne. Dort seien Aufmerksamkeit, Gastfreundschaft und Kundennähe keine Fremdwörter.

Irgendwann in der Nacht verschwanden die Gäste in ihren Betten, während sich Linda auf die Ausziehcouch in der Rezeption verkroch. Mehr als drei oder vier Stunden schlief sie ohnehin nicht. Wenn die Nacht zum Feind wird. Linda strafft ihren Körper. »Meine Glücksmomente sind nur durch die Gäste gekommen. Da habe ich immer wieder sehr viel Kraft daraus gezogen, weiterzumachen. Da war einmal ein Vorstand von Volkswagen, der das ganze Personal weltweit unter sich hatte. Oder Kraft gaben mir Künstler.« Lindas Augen leuchten: »Ich erinnere mich an einen Organisten und seinen Freund. Es war ein tolles Gespräch, auf einmal sagte er zu mir: ›Frau Blumental, Sie sündigen ganz gewaltig – gegen sich selbst.‹«

Im Brief der Freundin lese ich weiter: »Linda liebt ihre Höfe. Auch wenn sie sie manchmal hasst. Dann geht sie mit ihrem Hund in die märkische Landschaft, bringt Ruhe und Weite, mitunter die Stürme zurück.« Den Hund nahm man ihr eines Tages weg. »Das war das Ordnungsamt. Ich war die beste Gefährtin los, die ich hatte. Ich hatte viel Angst gehabt, da ich so allein war. Ich musste immer damit rechnen, dass Gäste kommen. In der ersten Zeit hatte ich auch keine Mitarbeiter, und der Hund war immer dabei. Der Hund hat nie jemand etwas getan.« Nachbarn hatten sich beschwert, ihr großer Leonberger laufe herrenlos herum, sei eine Gefahr. Ein Hund gehöre an die Leine. Im Dorf gab es hingegen Hunde, die an der Kette lagen, deren einzige Aufgabe darin bestand, Haus und Hof zu bewachen und nicht ziellos durch die Gegend zu streunen.

Im Oktober 1995 bewarb sich Laura Lydinger bei den Blumentals. Die junge Mutter kam aus dem Ruhrgebiet und hatte Aufregendes über das Künstlerdorf gehört, dort gebe es faszinierende Ausstellungen, Konzerte und Theaterstücke mit wunderbaren Sommernächten. Das hatte die Wissenschaftlerin angelockt. Sie war ihrem Lebensgefährten gefolgt, der im Osten einen Job gefunden hatte. Sie wollte aber ihre Tage keineswegs nur als Hausfrau und Mutter eines Kindes verbringen. Aber was konnte sie mit einer Promotion in Germanistik auf dem Lande anfangen?

Sie suchte einen Neuanfang. In diesem Künstlerdorf müsste doch etwas gehen. Laura Lydinger erinnert sich an ihre Begegnung mit Linda, als wäre es gerade passiert. »Als ich zum ersten Mal im Rahmen des Weiterbildungskurses im Dorf war, erklärte sie gleich zu Beginn: ›Ich habe die Leute aus dem Kuhstall geholt. Jetzt ist es hier sauber. Die Leute haben bei mir etwas gelernt.‹« Die junge Frau stutzte über das Auftreten der resoluten Chefin, war irritiert über den Ton. Dennoch trat sie mit Herzklopfen zum Vorstellungsgespräch an. Linda hatte gewarnt, ihr Mann sei manchmal äußerst temperamentvoll. Die junge Frau wartete und wartete. Hans Blumental kam viel zu spät, hastete an ihr vorbei, ohne sie eines Blickes zu würdigen, und rief mit hochrotem Kopf: »Ich will jetzt niemanden sehen!« Dann knallte er die Tür zu. Linda beruhigte Laura Lydinger, sie solle sich nichts daraus machen. Das werde sich wieder legen. »Genau so fing es an«, erinnert sie sich.

Laura Lydinger gefiel das Bedingungslose und Kompromisslose, das die Blumentals verkörperten: »Ich kenne das Schicksal von vielen freien Kulturprojekten. Es gibt bestimmte Strukturen, die sich immer wieder wiederholen. Am Anfang wird Tag und Nacht gearbeitet. Selbstausbeutung ist das Prinzip, das muss später zwangsläufig knallen.« Aber ohne diese Unbedingtheit sei nichts zu bewegen, das habe sie begriffen. Also sagte sie zu, nahm den ABM-Job an. Sie spürte, diese Entscheidung würde ihr Leben verändern. Das Dorf war eine Art Versprechen, wie ein reifer Apfel, der in voller Blüte am Baume hing. Sie sagt heute: »Ich wollte Kultur machen. Es gab keine Vorgaben. Wenn in der Kirche die Bilder einer neuen Ausstellung gehängt wurden, war das für mich wahres Glück. In den Anfangsjahren herrschte Freiheit, es war wie auf einem anderen Stern. Offen und freizügig.« Ihre Augen funkeln. »Fast wie in einem Paradiesgarten. Pärchen fanden und trennten sich wieder. Die Kunst, das Theater. Es war eine schöne Zeit.«

Linda Blumental umgab sich gerne mit Künstlern. An manchen Wochenenden wohnten bis zu zwanzig Schauspieler in ihrem Hotel. Kost und Logis waren frei, der Weinkeller hinterher leer. Laura Lydinger: »Prominenz war ihr sehr wichtig. Da blühte sie auf. ›Wer war nicht schon alles da‹, sagte sie gerne. Für sie war das eine Form der Wertschätzung. Linda achtete auf Stand und gesellschaftlichen Rang. Im Umgang mit Untergebenen konnte sie hingegen streng und ruppig sein. Sie sprach nicht die Sprache der Leute.«

Das Herzdorf-Barometer stand so günstig wie nie zuvor. Es hagelte Anerkennung und Auszeichnungen. 1993 hatte Hans Blumental für sein Gesamtwerk das Bundesverdienstkreuz erhalten. 1997 wurde dem Ehepaar für seine Verdienste um das Dorf der *Schinkelpreis* für Denkmalschutz verliehen, schließlich folgte der *Deutsche Dienstleistungsprei*s für Linda. Ein Frauenverband schlug sie im gleichen Jahr als *Unternehmerin des Jahres* vor, weil sie als erfolgreiche Frau ihren Weg gehe.

Linda war stolz, denn sie konnte keine behütete Kindheit in einem hübschen Haus mit Garten und Pool am Stadtrand vorweisen. Keine Klavierstunden, kein Klosterinternat, keinen Faltenrock und keine Perlenkette. Trotz aller Erfolge blieb sie ihrem Mann »hoffnungslos ergeben«, erinnern sich frühere Angestellte, er sei ihr wichtigstes PR-Objekt gewesen. Zu bestimmten Presseterminen habe sie ihn regelrecht geschleppt, obwohl ihm ihre Veranstaltungen zuwider waren. Als der Regierende Bürgermeister von Berlin Linda Blumental den Dienstleistungspreis überreichte, sagte sie nur: »Ich stand ganz vorne und konnte *sein* Konzept mit *meinen* Gedanken gut rüberbringen.«

Linda war Mitte fünfzig, als sie die Auszeichnung in den Händen hielt. Sie verkörperte das Idealbild einer Unternehmerin, schicker Hosenanzug, das Haar streng zum Pferdeschwanz gebunden. Atemberaubend schön und elegant stand sie auf der Bühne, genoss vermutlich jede Sekunde ihres Auftritts. Natürlich hätte sie an diesem Abend im Roten Rathaus ihr Glück gerne geteilt. Nur mit wem? Ihr Mann war nicht dabei. Aus dem Dorf hatte sie niemand begleitet. Kein Amtsdirektor, Bürgermeister oder Feuerwehrchef, einfach niemand. Als sie abends aus der großen Stadt in ihr kleines Dorf am Ende der Welt fuhr, drehte sie die Musik im Radio auf und spürte: Das ist so ein Augenblick, der ein ganzes Leben halten muss.

Nach einer guten Stunde erreichte sie an diesem herrlichen Sommerabend ihr Landhotel, stieg aus dem Wagen und lauschte. Eine Nachtigall stimmte ihr Lied an. Frösche brummten, und Zikaden stimmten fröhlich mit ein. Irgendwo bellte der unvermeidbare Hund. Das Dorf selbst verharrte schwarz und schweigend, als unverhofft Stimmen aus dem *Milchwald* herüberwehten: »... beim ersten Niederrieseln des Dämmerns verrammelt Mrs. Ogmore-Pritchard alle Türen ihres Hauses Seeblick, zieht die keimfreien Vorhänge vor, setzt sich steif wie ein trockener Traum auf einen gesundheitsfördernden Stuhl mit hoher Lehne und stellt sich energisch darauf ein, kühl und schnell einzuschlafen.«

Linda lächelte leise.

V Die Zukunft

Milchkannen flogen in hohem Bogen und krachten scheppernd ins Gras. Die Menge johlte bei jedem Wurf und anschließendem Einschlag. Fette Bierkrüge rutschten über einen eingeseiften Balken. Fielen sie am schmalen Ende, hatte der Schieber verloren. Schüsse knallten aus dem Feuerwehrschuppen, der Schützenkönig wurde gesucht. Auf der Dorfwiese rangelte der Nachwuchs um den Ball und schoss ihn so manches Mal auf die nahen Biertische, an denen Tugendbolde und Trinker, Einheimische und Zugereiste ihren Nachmittag verbrachten.

Frauen mit wonnigen Wangen boten Selbstgebackenes an. Männer mit kugelrunden Bäuchen zapften Bier. Am Grillstand stieg eine dicke Bratwurst-Wolke in den Sommerhimmel. Die dickste Traube Einheimischer hatte sich wie immer am Feuerwehrstand versammelt. Das Bier für eine Mark. »Druckbetankung« zu Friedenspreisen. Aus einem Lautsprecher dröhnten Hits der achtziger und neunziger Jahre. Die ersten wankten in der Mittagshitze in die Büsche. Fast wie früher, scherzten die Trinker, als es für arme Schlucker nur Fleisch gab, wenn sie sich auf die Zunge bissen. Früher, das stand für feste Arbeit, mit dem gleichen miesen Lohn für alle und dem immer gleichen Ärger mit denen von der Partei. Aber man hatte wenigstens einen Job.

Einmal im Jahr gehörte der Park wieder dem Dorf. Das tat gut in einer Region, die nach Definition der EU mittlerweile als entvölkertes Gebiet galt. An den Biertischen zählte die trockene Pointe. Je kürzer, desto besser, nach der Devise: *Holt sich einer am Elektrozaun einen Schlag. Sagt der andere: Strom macht Locken.* Höhepunkt des Festes war traditionell die Siegerehrung. Zu gewinnen war, was das Land hergab: Schafe, ein Reh komplett, Hasen, Hühner oder Karpfen. Meine Söhne schleuderten die Milchkanne so weit, dass sie den dritten Preis errangen. Freudestrahlend hielten sie nach der Preisverleihung einen Schuhkarton mit Löchern in den Händen. Als wir die Kiste öffneten, schauten uns zwei wohlgenährte Tauben an. Sie waren so sehr gemästet, dass sie sich freiwillig nicht mehr bewegen wollten. Vorsichtig hob ich sie aus dem Karton, um unserem dritten Preis die Freiheit zu schenken. Doch die Tauben blieben apathisch sitzen. Irgendwann bewegten sie sich schwerfällig wie eine Ju 52 zum nächsten Baum. Dort setzten sie sich auf einen Ast und schauten uns verdrossen an. Als wir unserem Nachbarn die Befreiungsaktion beichteten, lachte dieser kurz auf, um sogleich loszuschimpfen. So etwas Dämliches habe er schon lange nicht mehr erlebt. Tauben seien eine Delikatesse. Die Vögel seien wochenlang gefüttert worden. »Ihr Städter seid zu nichts zu gebrauchen«, schloss er. Beim nächsten Mal werde er dem Hauptgewinn eigenhändig den Hals umdrehen und einen ordentlichen Sonntagsbraten zubereiten.

Am Rande des Festes kursierten Gerüchte, Blumental wolle den Park für die Allgemeinheit sperren. Mit Eintrittsgeldern, Kasse und einem großen Zaun außen rum. Für Touristen solle eine neue Attraktion geschaffen werden, irgendetwas Schickes mit Gartenkunst und Pavillons. Dann sei es vorbei mit Bratwurst, Kühe-Schieben und Milchkannenweitwurf. Die Gerüchte weiteten sich zu einem reißenden Strom. Keine Frage: Das Dorf war in Gefahr! Feuerwehrchef Hans Brenner bestellte noch einen Klaren zum Runterspülen und überlegte, was zu tun sei.

»Es ist geschafft. Wir sind dabei!« Unter dem Dach der Kirche jubelten im März 1998 die Mitarbeiter des Architektenbüros. Hans Blumental strahlte. Sein Adrenalin floss in Strömen. Er hatte das Gefühl, genau für diesen einen Moment zu leben. Das kleine Dorf am Ende der Welt war als Vorzeigeprojekt für die Weltausstellung ausgewählt worden. *Das letzte Loch vor der Hölle* wurde Referenzprojekt der Expo 2000.

Blumental wäre nicht Blumental, hätte er nicht bereits beim ersten Glas Sekt über ein neues Lieblingskind referiert. Der Park sollte zügig in einen Licht- und Klanggarten erweitert werden. Ein Erlebnispark, wie ihn das Land noch nie erlebt habe. Einige Mitarbeiter staunten, andere schauten betreten auf den Boden. Blumental stutzte. Was ging hier vor sich? Am liebsten hätte er die Tür ins Schloss werfen wollen, schließlich hatte er es nicht nötig, sich von irgendwelchen Bedenkenträgern die üblichen Wenn und Aber anhören zu müssen. Er spannte seinen Körper, lächelte selbstbewusst in die Runde, während er so beiläufig wie möglich erklärte, in diese Pavillons könnten Künstler einziehen, um dort kreative Räume zu schaffen.

Was den Rheinländern auf der Insel Hombroich gelungen sei, sollte auch im Soldatenland Brandenburg gelingen, dessen Sandböden sich eher zum Marschieren und Verwüsten als zum Säen und Ernten geeignet hätten. Er zitierte Heinrich von Kleist, der gespottet hatte, Brandenburgs Gestalter sei wohl über die Arbeit an ihr eingeschlafen. Jetzt werde das Land wachgeküsst, natürlich schön behutsam, aber ausdauernd nachhaltig. »Was für ein gestalterisches Potential!« Blumental war wieder in ausgezeichneter Stimmung. Wäre doch gelacht, wenn das Dorf nicht ein Anziehungspunkt für Menschen aus aller Welt würde. Man lebe nicht in Remscheid oder Stuttgart, wo alles fertig sei. Wo vor lauter Vorschriften und Paragraphen nichts mehr gehe. »Hier ist alles möglich.« Munter purzelten Wortkaskaden aus seinem Planerkopf, und so steigerte er sich von Minute zu Minute, plauderte über Blühende Gärten, Kommunikation, Konversion, Kunst und Kultur. Er sattelte auf seine Lieblingsformel von der *Integrierten Ländlichen Entwicklung* den Slogan *Natur und Kultur im Park*. Blumental atmete aus und spürte der Wirkung seiner Worte nach.

Was in der Kirche gefeiert werde, fragten sich Einheimische. Irgendwas mit Expo, hieß es. Expo klang nach einem neuen Theaterstück, ein wenig so wie Sappho. Oder nach Popo. Die Herzdorfer hatten sich angewöhnt, bei Ankündigungen aus dem Hause Blumental den Kopf einzuziehen und erst einmal abzuwarten. Tennisanlagen, Golfplätze, Spaß- und Heubäder waren gerüchteweise aufgetaucht und wieder in der Versenkung verschwunden. Manche meinten, die Nominierung sei gut für das Dorf. Das bringe frische Fördergelder und Fortschritt. Andere warnten vor mehr Besuchern, die mit Reisebussen einfallen würden. Dann werde alles teurer. Wer wolle denn in einem Musterdorf wohnen? Noch mehr Fremde? Ein furchtbarer Gedanke. Besonders in einer Gegend, in der man schon morgens sehen konnte, wer einen mittags besucht. Wozu in aller Welt brauchte dieses Dorf einen Licht- und Klanggarten?

»Ich bin auch nur ein Mann«

An diesem Sommerabend kreiste der Storch über dem Bahnhof, landete elegant auf seinem Horst, um klappernd den Nachwuchs zu füttern, während die Sonne hinter dem früheren LPG-Gebäude versank. Es wurde still, in den Häusern, Höfen und Ställen. Nur aus der Mansarde des Gutshauses drangen Stimmen. Maxim Haller war wieder einmal in der Welt des Dylan Thomas versunken. »Unser Milchwald ist nur ein winziger Hain, von ganz anderen künden die Sänger, doch dürfte ich wählen, so wollte ich mein ganzes Leben und länger unter unseren Bäumen wandeln im Hag.« Die Lautstärke hatte er bis zum Anschlag aufgedreht, wohl, um dem Froschkonzert Paroli bieten zu können.

Mit Dylan Thomas im Ohr spazierte ich die Dorfstraße entlang, genoss die einsetzende Abendkühle, als aufgeregte Stimmen zu hören waren. Hatte Haller sein Gerät noch mehr aufgedreht? Oder probten Schauspieler eine neue Szene? Ich näherte mich dem Geschrei und merkte, dass ich in eine Inszenierung geraten war, die keine Probe, kein Spiel, kein Theater war. Hier maßen zwei Menschen ihre Kräfte. Es sei nicht mehr auszuhalten, sie könne nicht mehr, rief eine weibliche Stimme. Es war Linda. Ihre Stimme bebte, manche Wörter verschluckte sie. »Du machst mich unmöglich.«

Hans Blumental stand ihr am Hoteleingang in Armeslänge gegenüber. Sein Gesicht tiefrot, eine Stirnader bedrohlich angeschwollen. Dann polterte er los. Sie sei eine gnadenlose Egoistin, denke nur an ihren PR-Mist, habe nichts von ihm verstanden. Zu Gefühlen sei sie unfähig. Er habe die Nase voll.

Linda schluchzte. Hans fuhr die schneidende Härte ein wenig zurück. Was nach einer kurzen Pause folgte, sollte wohl versöhnlich klingen. Sie solle sich lieber amüsieren. Das Leben sei kurz. Mal sei man Jäger, mal Gejagter. Mal der Baum, mal der Hund. Die beiden waren bei ihrem Kräftemessen mitten auf der Straße angekommen. Der Rest der Welt spielte keine Rolle mehr. Ich versuchte mich vorbeizudrücken, wollte am liebsten unsichtbar werden.

Es war nicht nötig, denn sie bemerkten mich nicht, und so wurde ich unfreiwillig Zeuge einer Szene, die sich tief einbrannte. Er lauschte mit eingezogenem Gesicht. Sie war in Fahrt. Er habe keinen Anstand, erregte sie sich. Er denke nur an sich. Es gehe nur noch um seine verdammten Projekte, und gleichzeitig betrüge er sie mit einem Bauernmädchen.

Er schwieg. Sie biss sich fest. Er habe sie hierher geschleppt und gnadenlos ausgenutzt. Wer habe sich um Rechnungen und Gläubiger gekümmert? Wer sei zur Bank gelaufen? Habe um Kredite gebettelt? Wer die Nachbarn beruhigt? Seine breitbeinige Ruhe ließ sie wohl noch wütender werden. Er zerstöre alles, was sie gemeinsam aufgebaut hätten. Alle ihre Ersparnisse habe er in sein Dorf gesteckt. Sie sei pleite, habe nichts mehr. Kein Bett, keine Wohnung, keinen Pfennig. Sie müsse in Ramschläden, wenn sie sich eine neue Bluse kaufen wolle. Er habe sie ausgenommen wie eine Gans.

Sie schluchzte wie ein Kind. Dann entgegnete er, sie solle sich beruhigen. Nur eine Frau, die lacht, sei eine liebenswerte Frau. Er versuchte offenbar, sie zu berühren. Sie stieß ihn zurück. Die Kleine sei doch nur eine Affäre. Sie solle ihm das Vergnügen lassen, beschwichtigte er. Ich beschloss, fluchtartig die eheliche Kampfzone zu verlassen, und schlich am anderen Ende der

Straße an den Buchenhecken entlang. Linda schrie indes aus Leibeskräften, es sollte wohl das ganze Dorf hören. Er sei ein Schwätzer, ein Lügner, ein Heuchler. In Holland würde man zu Leuten wie ihm Bastard sagen. Ihre letzten Worte erstickten in katzenähnlichem Wimmern. Als ich in unseren Hof einbog, hörte ich noch einmal seine Stimme, die bebte. Wie er ihre ständigen Vorwürfe leid sei, rief er in die dunkle Nacht. Sie sei ein Eisberg. Die Kleine gebe ihm das, was sie ihm vorenthalte. Und dann schrie er noch: »Weißt du was: Ich bin kein Heiliger. Ich bin auch nur ein Mann.«

»Nicht in unserem Park«

Der Himmel war klar, noch einmal gab der Spätsommer seine Wärme. Es roch nach Äpfeln, Pflaumen und Kindheit. Luftige Wattewölkchen huschten über gelbgrüne Felder. Störche bereiteten ihren Abflug vor. Radler durchstreiften in hautengen, papageibunten Anzügen das Land, atemlos und angestrengt auf ihren teuren Rennmaschinen. Nicht nur Wochenendurlauber eroberten jeden Bach, jeden Teich, jedes Herrenhaus oder jede Feldsteinkirche, auch Investoren, und sie schauten sich um. Was aber gab es zu entwickeln? Wiesen, Wälder, Landwirtschaft mit wenig Menschen und reichlich Raum.

Hans Blumental fühlte sich einfach gut. Das monatelange Kämpfen hatte sich gelohnt. Selbst die hartnäckigsten Bedenkenträger in Berlin, Potsdam und in der Kreisstadt hatte er überzeugt. Sein kühner Plan schien aufzugehen. Die Errichtung eines Landschaftsgartens der Extraklasse, mit Pavillons und gärtnerischen Attraktionen. Eine Anlage, die Kultur und Natur verbindet, die in ihrer Einzigartigkeit weit in das 21. Jahrhundert ausstrahlen wird. Und das Beste: Der Licht- und Klanggarten hatte eine Förderquote von hundert Prozent. Hundert Prozent! Wem gelang das schon? Notwendigerweise sollten Eintrittsgelder erhoben werden. Auch ein Zaun musste her. Der Park musste sich schließlich rechnen. Nun musste nur noch der Gemeinderat zustimmen. Eine reine Formsache. Seit Jahren gehörte Blumental dem Gremium an, war stellvertretender Bürgermeister, kannte die mentale Verfassung seiner Kollegen. Er wusste, dass Neues prinzipiell unter Generalverdacht stand. Aber er traute sich diese Aufgabe zu. Der Mann besaß diese machtvolle Mischung aus Ehrgeiz und Glauben: Ehrgeiz, alles erreichen zu wollen. Glauben an sich und seine

Mission. Scheitern war in seinem Koordinatensystem nicht vorgesehen.

Blumental war wieder einmal zu spät. Die Sitzung hatte begonnen. Er eilte in die verrauchte Gaststätte, in der an diesem Abend sein Parkkonzept verabschiedet werden sollte. Endlich! Dann konnte es losgehen. Das Herzstück der Weltausstellung EXPO 2000. Er hatte den Park des Bundespräsidenten neu gestaltet, die Scheichs mit seinen Innenhöfen in Riad verzaubert. Da müsste es doch mit dem Teufel zugehen, wenn eine Troika aus Feuerwehrhauptmann, Ex-LPG-Chef und früherem Staatsbürgerkundelehrer ihn noch stoppen würde. Blumental stellte sein Konzept vor. Er sprach von einer einmaligen Chance. Von Jobs, Entwicklung und Perspektiven. Das Beste sei, der Park erhalte eine hundertprozentige Förderung.

Die anwesenden Männer und Frauen schwiegen. Seit Wochen hatte es in den Dörfern kein anderes Thema mehr gegeben. Der Mann sei größenwahnsinnig geworden. Jetzt nimmt er uns auch noch den Park weg, hieß es. Feuerwehrchef Hans Brenner, zeit seines Lebens im Gemeinderat, hatte erklärt: »Den Park kriegt er nicht. Nur über meine Leiche.« Als Blumental seinen Vortrag beendet hatte, türmte sich eine Mauer aus Bedenken und Misstrauen auf. Fragen prasselten in den Raum: Wer übernimmt die Folgekosten?

Was hat der Ort davon? Wer bezahlt die Pflege? Die Männer redeten sich in Rage. Das koste das Dorf ein Vermögen, eine halbe Million Mark im Jahr mindestens. »Wir wollen kein Mercedes-Dorf«, rief ein Gemeindevertreter. Schon einmal sei man über den Tisch gezogen worden, entgegnete ein anderer. Es wurde eine nervenaufreibende Sitzung. Man lasse sich nicht mehr für dumm verkaufen. Versprechungen vom Paradies auf Erden habe man sich in der DDR lange genug anhören müssen. Der Sozialismus sei eine gute Sache. Nur scheiße, dass man ihn so lange hatte. So berichteten damals Teilnehmer von diesem außergewöhnlichen Abend im Gemeinderat von Herzdorf.

Auch Jahre später erinnern sich die Beteiligten an die turbulenten Stunden. Wenn auch höchst unterschiedlich. Nur in der Frage des Parks empfanden alle ähnlich. Es ging um Sieg oder Niederlage. Um Leben oder Tod. Fast wie in den Theaterstücken, die im Park gespielt worden waren. Nur dieses Mal spielte das Stück im richtigen Leben.

Blumental: »Ich behaupte heute, es ist DDR-Denken gewesen. Dieser Park war wie die Kirche völlig ungenutzt. Einige wenige haben Löwenzahn für ihre Karnickel geschnitten. Ansonsten war der Park eine verwilderte, vernachlässigte Einheit.«

Feuerwehrchef Brenner blieb bei seiner Ablehnung.

»Der Eintritt sollte zehn Mark kosten, auch für uns Einheimische. Wir sind doch nicht Sanssouci!«

Altbürgermeister Arno Walter verbrachte wegen des Parks schlaflose Nächte: »Das war hundert Prozent fremdfinanziert, ohne einen Pfennig aus der Gemeinde. Aber die Abgeordneten waren von Anfang an dagegen.« Es war Neid, meint er. Er war damals einer der wenigen, der die Idee großartig fand: »Das Wort Blumental war für die ein rotes Tuch. Wir lassen uns vom Wessi keine Vorschriften machen. Der Mann wurde regelrecht vorgeführt.« Im Dorf hatte der geplante Park Missgunst und Zwietracht gesät. Jeder kämpfte gegen jeden. Walter legte sein Amt im Gemeinderat nieder, weil er wohl die ständigen Anfeindungen satthatte.

Brenner: »Als Herr Walter ausgetreten war, kam er ein paar Wochen später mir alleine mit dem Moped entgegen. Da war kein Zeuge dabei. Da hat er mir den Marsch geblasen: ›Wenn du den Hans fallen lässt, dann mach ich dich fertig.‹«

Alfred Prignitz, der *Herr*, winkt auf seinem Sofa ab. Blumental habe immer ein »zu großes Messer genommen. Er konnte es nicht ertragen, wenn jemand eine andere Meinung hatte. *Das* konnte er nicht ertragen«. Noch heute hält er die Ablehnung für den größten Erfolg der letzten Jahre. Der Park hätte die gesamte Gemeinde in den Abgrund gestürzt. »Wenn ich irgendwo dafür oder dagegen gestimmt habe, war meine erste Frage: Wer bezahlt das? Wer übernimmt die Haftung? Wem nutzt es? Die drei Sachen hatte ich immer als Leitsatz. Danach habe ich mein Leben lang gehandelt.« Prignitz mustert mich eingehend. »Blumental hat den Satz gesprochen: Die Region brauche ich, nicht die Menschen. Das war sein größter Fehler.«

Stimmt das? Wollte der Mann aus Düsseldorf seinen Traum von einer eigenen Bundesgartenschau verwirklichen? Sich ein Denkmal setzen? Hans Blumental schaut mich verständnislos an. Sein Blick sagt, ich wollte doch nur das Beste. Dann beginnt er laut nachzudenken. Ja, er habe in der Frage des Parks vermutlich mit den Menschen zu wenig geredet. Ja, er sei nie in die Dorfkneipe gegangen. Habe keine Runde ausgegeben. Das war ein Fehler. Dennoch könne er nicht verstehen, wie die Leute darauf kämen, dass er nur in die eigene Tasche gewirtschaftet habe. Blanker Unsinn. Als die Expo bevorstand, hätten die Leute mitgemacht, mürrisch, nach dem Motto, es dürfe nichts kosten. Die Vision, die er mit dem Klanggarten hatte, habe er geduldig und immer aus Überzeugung vorgetragen. Wer wollte, hätte jederzeit wissen können, was geplant war. Er mache sich heute andere Vorwürfe: »Das ist der entscheidende Punkt, wo ich versagt habe, dass ich, als alle noch dahinterstanden, keinen Vertrag gemacht habe.«

Hatte er am Ende seine Gegenspieler unterschätzt? Blumental holt tief Luft. »Ich habe in Prignitz nicht ein Feindbild gesehen. Nein. Ich bin aber auch nicht auf ihn zugegangen. An solchen Stellen habe ich große Hemmungen, auf den anderen zuzugehen.« – »Aber er war doch *der Herr* im Dorf«, erwidere ich. *Der Herr* entschied, ob eine geplante Dorferneuerung nötig war oder nicht. Oder ob die Straßenlaternen mit dem Charme einer Grenzbeleuchtung bleiben sollten. Ich stelle Hans Blumental die Frage ins Gesicht: »War Prignitz der Platzhirsch?« – »Ja, ja. Aber aus der Vergangenheit«, antwortet er.

Blumental hatte nicht nur mit alten Kameraden zu kämpfen. Der Gegenwind blies ihm immer heftiger in der Gestalt des Amtsdirektors entgegen, der aus Nordrhein-Westfalen stammte wie er selbst. Wolfgang Merdorn hatte sich in der Frage von Licht und Klang mit den Dorfältesten verbündet. Das sei für ihn die einzige Option gewesen, weil Blumental zu weit gegangen sei. »Nur Leute zusammenschreien. Das ging nicht mehr.« Aus der einstigen Männerfreundschaft war ein gereiztes Konkurrenzverhältnis erwachsen. In einer flammenden Rede warnte Merdorn im Gemeinderat vor hohen Pflege- und Folgekosten. »Es war Größenwahn. Blumentals Weg war immer: von oben runter! Das kam aber bei keinem von uns an. Das hat uns nicht gepasst, obwohl ihm das keiner ins Gesicht gesagt hat.«

Der einstige Amtsdirektor wirft Blumental noch heute vor, er habe Kosten »immer wieder geschönt«. »Der Bürgermeister holte sich bei mir die genauen Zahlen, was die Kirche gekostet hat, zeigte es Herrn Blumental. Blumental strich die Zahlen zurecht, so wie sie besser lauten.« Er habe den Landschaftsarchitekten in letzter Minute stoppen müssen, im Interesse des Dorfes. »Das war meine Hauptsorge, dass die Gemeinde sich restlos verschuldete, da man von allen Seiten hörte, die Höfe gehen wahrscheinlich pleite, dass dann hinterher möglicherweise ein leeres Hotel dastehe und ein Gutspark für vier Millionen, den keiner haben will.«

Blumental lacht auf, als ich ihm von Merdorns Betrugsvorwürfen berichte. Nie seien von ihm Zahlen zurechtgestrichen worden. Für den Park habe eine hundertprozentige Förderung vorgelegen. Die Herstellungskosten hätten nicht bei vier Millionen, sondern tatsächlich bei 900 000 DM gelegen. Blumental antwortet mit schneidender Schärfe in der Stimme: »Es war eben das richtige Konzept am falschen Ort. Ich kann niemanden beglücken, der nicht gewillt ist, beglückt zu werden.«

An jenem Abend im Gemeinderat wurde klar, dass die Menschheit eher den Mars besiedelt, als dass Herzdorf einen Zaubergarten genehmigen würde.

Der Gemeinderat stimmte mit Mehrheit gegen die Umgestaltung. Blumental stand auf, stopfte die Planungsfolien umständlich in die Tasche und rief in den Saal: »Ihr könnt mich mal!« Mit raumgreifenden Schritten strebte er dem Ausgang zu, knallte die Tür ins Schloss.

Längst bedauert er den Eklat. Mir sagt er im Gespräch: »Das ist ja mein Problem, dass ich sehr aufbrausend bin, und anschließend bin ich der friedlichste Mensch der Welt.« Im Saal verwandelte sich die Hochspannung in allgemeines Aufatmen. Einige steckten sich eine Siegerzigarette an. Das hatte er davon! Nun grenzte man eben den Westdeutschen aus, selbst wenn er gemeinsam mit den Ostdeutschen etwas Neues aufbauen wollte. Es reichte mit dem ständigen Anpassen an westliche Vorschriften, Spielregeln und Umgangsformen. Damit war Schluss.

»Der Park bleibt unser!« Es war ein Sieg auf ganzer Linie. Zwar blieben fast eine Million DM Fördergelder ungenutzt, die höchste Summe in der Geschichte des Dorfes, doch das Lokalblatt meldete nur: »Eklat im Gemeinderat. Hans Blumental verlässt wütend die Sitzung.« Nicht mehr mögliche Erfolge für die Zukunft zählten, sondern nur noch der Verlust der Vergangenheit. Die Stimmung hatte sich gedreht. Es waren schlechte Zeiten für Leute wie Blumental.

Wenn das Glück vorbeizieht

Dieser Abendflug ist spektakulär. Abertausende Kraniche sammeln sich am Horizont, steigen von Maisfeldern auf und fliegen keilförmig durch die Lüfte, als wollten sie den Himmel küssen. Immer wieder formieren sie sich neu, kreisen über Seen und Teichen, um mit dem letzten Licht lautlos ins Wasser zu gleiten. Es ist, als würden die Götter Regie führen. Der Kranich gilt als Vogel des Glücks und der Weisheit. Er ist der größte einheimische Vogel, wird bewundert ob seiner Schönheit und Eleganz und als Schädling verfolgt und vertrieben. Wenn im Herbst Kranichschwärme auf Äckern mit frisch eingedrilltem Wintergetreide rasten, will der Bauernpräsident den Abschuss freigeben wie einst zu Kaisers Zeiten. Doch die Naturschutzlobby bietet dem Bauernfunktionär die Stirn. Längst organisieren Tierschützer Kranich-Monitoring und gestalten

Kranichschutzgebiete, sogenannte *Special Protection Areas*. Die Schlagwörter der Vogelschützer klingen wie Kampfnamen für NATO-Operationen in Afghanistan oder Irak.

An diesem Oktoberabend haben sich nur wenige Beobachter auf einem Hochstand versammelt. Die Vogelkundler sehen in ihrer Tarnkleidung wie Frösche aus. Der Grundton Grün beherrscht Gummistiefel, Anglerhosen, Regenjacken. Zur Ausstattung gehören Gerätschaften wie Stativ, Fernglas, armdicke Teleobjektive und ein entschlossener Blick. Es sind Männer um die sechzig. Sie wissen viel, reden wenig, trinken heißen Tee aus Thermoskannen, den ihre Frauen reichen. »Die Ornis«, wie sie sich selbst nennen, sind eine eingeschworene Gemeinschaft. Jedes Wort ist wohlüberlegt. An Wochenenden lohne es sich nicht mehr zu kommen, flüstert einer. Der Kranichzug sei zu einem Massenspektakel verkommen. Es gehe zu wie auf dem Rummelplatz. An diesem Abend jedoch zaubert die Natur dunkelrote, feurige Farbkleckse an den Abendhimmel. »Das Licht hält sich lange«, kommentiert einer mit geheimnisvoller Stimme. Was immer es zu bedeuten hat, die anderen nicken stumm.

Plötzlich ziehen riesige Schwärme über den Hochstand hinweg. Ich ziehe instinktiv den Kopf ein. »Nicht bewegen«, zischt einer der Froschmänner, seine Kamera werde gestört. Alle Apparate rattern im Dauermodus. Waren das nun Kraniche? Oder Graugänse? Ich bin unsicher, wage, in die Runde zu fragen, ernte fassungslose Blicke. Einer der Vogelmenschen erbarmt sich: Kraniche rufen »Krrrkrr«, sind schmaler, eleganter, gleiten mehr. Er kontrolliert, ob ich wirklich zuhöre. Der Mann stellt sich auf ein Bein, schwingt die Arme und presst das »krrkrr« aus dem Kiefer. »Gänse hingegen trompeten«, erklärt er, während er das Standbein wechselt und seine Arme weit auseinanderstreckt. »So schlagen sie mit den Flügeln«, seine Arme rudern heftig in der Luft. Außerdem seien Gänse gedrungener als Kraniche. Das sehe jeder mit bloßem Auge.

Der Mann schaut wieder in sein Fernglas. In die Wand des Schweigens sagt ein anderer: »Noch etwas. Die Natur braucht uns nicht, aber wir sie.« Ich spüre, dass es klüger ist, den Hochstand zu verlassen, und dass ich noch viel lernen muss. Über aufgeweichte Wege taste ich mich in Richtung Parkplatz, während Zehntausende Kraniche und Gänse ihren Landeanflug fortsetzen, dem die Vogelfreunde ergriffen wie Beethovens Neunter folgen, nur unterbrochen durch das gleichmäßige Rattern ihrer Kameraauslöser.

Die neue Chefin

Sie saßen am Ufer des Sees. Seine Blicke badeten in ihrem Körper. Er hatte sich noch einmal beweisen wollen. Das war gelungen. War es nun Verliebtsein oder einfach nur Begehren? In diesem Moment war ihm das gleichgültig. Das Lagerfeuer knisterte. Seine Sorgen hatte er an diesem Abend im See versenkt. Die Geliebte erstrahlte im jugendlichen Glanz. Es funktionierte.

Blumental horchte in sich hinein. Er erinnerte sich an Maxim Gorkis *Sommergäste*, die aus der Stadt kamen und Rechtsanwälte, Ingenieure, Ärzte, Schriftsteller und Beamte waren. Mit ihren Ehefrauen verbrachten sie einen Sommer der entspannenden Langeweile. Alltag, Eifersucht und Existenzängste wollten sie ablegen wie eine überflüssige Jacke. Sie sehnten sich nach Sinn und Abwechslung. Die Sommergäste waren Menschen wie er. War er nun glücklich? Blumental schaute ins Feuer. Seitdem die Geliebte seine neue Geschäftsführerin war und die Bioproduktion vermarktete, hieß sie im Dorf »die neue Frau Blumental«. Klar, er verstieß gegen eine der Grundregeln des Geschäftslebens. Besteige nie deine Angestellten, sonst ruinierst du deinen Laden.

Plötzlich krochen diese lästigen Gedanken in seine Lagerfeuersentimentalität. Er musste an den Tag denken, als seine Frau sich mit ihm treffen wollte. Ausgerechnet an ihrem Geburtstag erwischte sie ihn mit seiner Geliebten im Haus am See. In flagranti. Der Klassiker. Der anschließende Tumult war entsetzlich. »Lass mir das Vergnügen«, verteidigte er sich halbherzig, während Linda ihr Heil in Schreikrämpfen suchte, die über den gesamten See hinüber ins Dorf schwappten.

In der Liebe hat man keine Wahl. Das hatte er gelernt. Blumental richtet sich auf, schaut mich an, strafft die Lippen wie ein dreißigjähriger Aufsteiger und nicht wie ein Mann, der Mitte siebzig ist. In einem Anflug von Selbstmitleid, so denke ich bei mir, sagt er: »Wir sind beide zu arbeitswütig gewesen, zu angespannt, es richtig zu machen, und haben uns voll eingebracht, ohne Rücksicht auf uns selbst.« Er nippt an seinem Tee, der längst kalt sein muss. »Heute schäme ich mich wirklich dafür.«

Das Dorf erlebte seinen Rosenkrieg. Die Geliebte hatte im Hofladen ihr Quartier bezogen, während sich Linda Blumental im gegenüberliegenden Landhotel verschanzt hatte. Beide trennten nur wenige Meter. Beide waren die Frau an seiner Seite. Und beide benahmen sich wie Geschäftsführerinnen. Mitten durch das Dorf zog sich eine unsichtbare Mauer. Der Holzkünstler Jan Walde meint: »Dieser Krieg – das ist etwas, was jede Familie kennt – wurde durch das zweijährige Fremdgehen öffentlich gemacht. Jede gesunde Frau musste diesen Hass entwickeln. Etwas Dämlicheres hätte eigentlich nicht passieren können.«

Die Angestellten der Blumentals wussten nicht mehr, wer das letzte Wort hatte: die neue oder die alte Chefin? Hotelmitarbeiter Matthias Brentano: »Wir hatten ganz eindeutige Lager. Dort im Hofladen hatte *die Frau* ihren Sitz. Ich saß mit Linda im Hotel. Ich hatte mit der Dame gegenüber relativ wenig zu tun.« Der kräftige Mann senkt seine Stimme, als dürfe es keiner hören: »Wobei *sie* bei keinem richtiges Ansehen genoss.« *Sie* war für ihn die Neue. Die Mätresse des Chefs.

Für Henry Schütt, den Wirt, bleibt Blumentals Affäre ein großes Spektakel, an dem alle teilhatten, ob sie wollten oder nicht. »Das war ein Fehler. Dafür musste er dann auch zahlen.« Er lacht auffallend laut, murmelt einige unverständliche Brocken: »Klar. Sie hat ihre Vorteile gehabt. Blumental hat mir mal erzählt, die erste Frau hat ihn eine Million gekostet. Jetzt wieder eine Million. Jetzt ist er pleite.«

Linda ist die ganze Geschichte peinlich. Sie ringt um Haltung. »Blumentalsches Theater habe ich es immer genannt. ›Die‹ war immer da. Das kriegten alle mit. Wir müssen zur Belustigung vieler Leute beigetragen haben.« Linda lacht tapfer ihr Marketinglächeln. Vielleicht liegt es an den vielen Tränen und den Augenringen, aber ihr Gesicht altert in diesen Minuten um Jahre.

Der Wunderheiler

Linda Blumental wich vor ihrem Mann zurück wie eine Schildkröte, die sich in ihren Panzer verkriecht. Sie trank häufiger, ohne ihren Durst nach Rache auch nur annähernd stillen zu können. Sie lechzte nach Liebe, nach Berührung, nach Zärtlichkeit. Eines Nachts kehrte ein junger Theatermann von den Proben in sein Hotelzimmer zurück. Kein Zweifel: In seinem Bett befand sich bereits jemand. Es war die Chefin. Linda. Splitternackt. Nach einer kurzen Phase der Irritation, in der alles möglich zu sein schien, stand sie auf und sagte: »Wenn ich zehn Jahre jünger wäre, würde ich jetzt liegen bleiben.«

Linda Blumental konnte nicht mehr. An manchen Tagen weinte sie stundenlang. Laura Lydinger, ihre Mitarbeiterin für Kultur, streicht sich nachdenklich durchs schwarze Haar. »Ich habe sie oft getröstet. Es gab Tage, da wollte sie nicht mehr aufstehen.« Trotz alledem habe sie die Fassade einer intakten Ehe nach außen gewahrt. »Sie sprach immer von ›meinem Mann‹, für den sie weiter alles tat, obwohl er sie im Stich gelassen hatte, fremdging und ihre gemeinsame Altersvorsorge durchbrachte. Sie war fix und fertig. Ihre geliebte PR-Agentur pleite.«

Eine andere gute Bekannte nahm sie in der nahe gelegenen Kreisstadt auf. »Sie übernachtete heimlich bei uns, nahm später zeitweise eine Wohnung. Sie war finanziell völlig am Ende. Sie musste sich eine neue Bluse im Second-Hand-Laden kaufen.« Die Frau war sichtlich entsetzt. »Unsere Frau Blumental im Billig-Ramschladen. Das muss man sich einmal vorstellen.«

Linda griff nach jedem Strohhalm, gierte nach Bestätigung und neuen Bekanntschaften. Eines Tages tauchte ein Gast auf, der vornehm aussah und charmant parlieren konnte. Der Mann hatte Witz und Manieren, ein russischer Arzt. Manche vermuteten, dass der Mann ein Scharlatan sei. Er bezeichnete sich selbst als Wunderheiler, Linda trank ihn sich schön. Sie wollte beweisen, dass sie eine begehrenswerte Frau ist. Ihr Mann sollte es wissen. Mit Sündenstolz in der

Stimme betont sie heute: »Ich selbst war früher jahrelang die Freundin eines verheirateten Mannes. Aber ich hätte niemals eine Ehe oder eine Privatsphäre berührt. Was sich bei mir abspielte, spielte sich taktvoll ab.« Linda hält inne, um im nächsten Moment von Dur in Moll zu wechseln. »Wenn wir uns gestritten haben, war es eine einzige Katastrophe. Damals habe ich mir zu viel gefallen lassen, nur wegen der Öffentlichkeit.«

Das Schicksal hat einen linken Haken. Sie räuspert sich. Dann sagt sie: »Bis ich merkte, und dann wurde es ganz tragisch, dass es dieser *Dame* um mehr ging. Das habe ich erst später verstanden, dieser Ost-West-Konflikt. Die wollte Frau Blumental werden. Sie wollte das sein, was ich verkörperte.« Sie spricht ihren Namen mit keiner Silbe aus. »Die setzte alles daran, in der Öffentlichkeit merken zu lassen, welche Rolle sie spielt. Da wird's unangenehm.«

Linda Blumental lächelt. Sie verschweigt, was anschließend passierte. Im Herbst 1998 erlitt sie während der Arbeit in ihrem Restaurant einen Nervenzusammenbruch. Nichts ging mehr. Ein halbes Jahr später begab sie sich in eine Therapieeinrichtung. Diagnose: Burn-out. Sie war am Ende. Ausgebrannt und völlig erschöpft nach so viel Anfang im Vorzeigedorf, mit dem verheißungsvollen neuen Leben in alten Gemäuern.

Der Brunnen

Anfang 2000 rückte die Weltausstellung unaufhaltsam näher. Hans Blumental schickte permanent Signale der Ungenießbarkeit aus. Die EXPO sollte sein persönlicher Befreiungsschlag werden. Seine Beauftragte Laura Lydinger fand kaum noch Schlaf. »Die Sache stand auf tönernen Füßen. Viele von uns bekamen kein Gehalt mehr. Das Theater steckte in der Krise. Zwielichtige Figuren traten auf. Ein windiger Typ, ein Varieté-Besitzer aus Berlin, wollte das Theater retten. Er kam mit großer Klappe, tschetschenischen Leibwächtern und verschwand wieder, von einem Tag auf den anderen.«

Pünktlich zum Weltereignis sollte die neue Dorfstraße fertig werden – als erste Visitenkarte. Mit handverlegten bordeauxroten Pflastersteinen, grünen Straßenlaternen im Retro-Look, an deren Sockel das Expo-Symbol eingraviert war, und einem schicken Brunnen vor der Kirche. Teure Luxussanierung, schimpften die Einheimischen, denn sie mussten sich an den Kosten beteiligen. Henry Schütt erinnert sich: »Viele waren stinkig, weil er die Straße angeleiert hat. Weil sie Geld dafür bezahlen mussten. Weil es von ihm kam.« Ortschronist Wilhelm König meint, Blumental habe zu keinem Zeitpunkt Bedenken aus dem Dorf wahr-, geschweige denn ernst genommen. »Ich hatte ja wenig mit ihm zu tun. Da müssen Sie mal den Hans Brenner fragen. Mit dem hat er sich in der Wolle gehabt. Zu dem hat er gesagt: Ich kann auch anders.« Der ehemalige Staatsbürgerkundelehrer fällt sein Urteil: »Die Wessis, die sind nun mal so.«

Hans Brenner schaut ein wenig verdutzt, als ich ihn auf die neue Straße anspreche. Er zögert einen Moment, dann klopft er auf den Tisch im Feuerwehrhaus, wo wir uns unterhalten. »Er hat es oft gesagt. ›Dumme Ossis.‹« Ich frage erstaunt nach: »Wirklich?« – »Das hat er oft gesagt. Manch einer war darüber beleidigt. Ich kannte ihn. Ich wusste genau, in der nächsten Stunde hat er es nicht mehr so gemeint.« Ortsvorsteher Brenner kramt noch einen Satz von Linda aus seinem Kopf. »Das Dorf-Volk wollen wir bei uns gar nicht sehen.« Das hätte nicht sein müssen, sie hatten beim Feuerwehrball doch so wunderbar miteinander getanzt. Brenner schüttelt missmutig den Kopf.

Ex-Amtsdirektor Wolfgang Merdorn bietet eine frische Tasse Kaffee an. Mit Zucker und Sahne? Unermüdlich verteidigt Wolfgang Merdorn sein Aufbauwerk Ost, das er sich »von niemandem« zerreden lasse. Alle siebzehn Gemeinden hätten nicht mal fließendes

Trinkwasser gehabt. Das Abwasser lief in die Jauchegrube, wie im Mittelalter. Jetzt verfügten die Dörfer über eine funktionierende Wasserversorgung. Außerdem wären in seiner Amtszeit 212 Wohnungen saniert worden. Merdorn schnalzt mit der Zunge. Wer anderes behauptet, habe keine Ahnung oder verdrehe die Fakten.

Mit Blumental habe er sich anfangs gut verstanden. »Wir haben uns in der *Waldgaststätte* getroffen, da saß er jeden Samstagabend mit seiner Frau. Bürgermeister Walter war dabei. Wir haben sehr viel zusammen gemacht, und Blumental hat auch in den ersten Jahren Planungsaufträge bekommen.« Während Blumental und seine Frau jeden Spatenstich mit Prominenz, Sekt, Küsschen hier und da inszeniert hätten, stand Merdorn abseits. Dabei war er der Amtsdirektor. »Wie das bei Blumental immer so war: Es wurden Reden gehalten, es wurde eine Presseerklärung gemacht, und wenn die ganz wichtigen Leuten weg waren, dann hatte das Personal die Weisung, nichts mehr auszuschenken. Hähne hoch!«

Merdorn redet sich in Rage. Ständig habe Blumental Sonderrechte beansprucht, sei wie ein rolliger Kater um die Fördertöpfe geschlichen, habe in den Ministerien spezielle Bekannte gehabt und jeden »vor seinen Karren« gespannt. »Das hat mich gestört. Das wurde uns aufgedrückt. Das heißt: Nur was er macht, ist richtig.«

»Eine böswillige Verleumdung«, empört sich Hans Blumental. Seine Augen feuern Salven ab. Was erlaube sich denn dieser Provinzfürst? Er kenne durchaus seine alte Schwäche. Ihm gelang es in schöner Regelmäßigkeit, dass sich andere Menschen in seiner Anwesenheit nichtig fühlten. Das weckte unweigerlich Aggressionen.

Die EXPO lehnte Wolfgang Merdorn aus tiefstem Herzen ab. Das ganze Jahr 1999 über schmiedete er Bündnisse. Wilhelm König formuliert die Sicht des Dorfes so: »Gemacht hat Blumental viel. Aber wer hat das dann alles bezahlt? Ja, die Weltausstellung! Da hatte er wenige Fürsprecher.« Er freut sich, sagt, unterm Strich habe Blumental nicht viel bewegt. Der Lehrer sieht jetzt aus wie der ältere Bruder des kleinen Schwejk, der einmal gesagt hatte: »Wenn du die Mächtigen nicht besiegen kannst, biete ihnen deine Zusammenarbeit an. Und warte, bis sie alleine vom Ross fallen.«

Auch der *Herr* lächelt zufrieden. »Es war ein Trauerspiel. Er hat sich übernommen. Er dachte: Ich bin Blumental, brauche nur nach Fördermitteln schreien, und dann kriege ich den Sack voll.« Der *Herr* gibt sich versöhnlich. »Ich habe zwar jedem meine Meinung gesagt… meine!… auch wenn sie nicht immer richtig war. Ich war nicht nachtragend. Mir war gleich, wo die Menschen herkommen. Das ist auch heute noch so.« Früher hätten die Menschen vor ihm gezittert, erzählt man im Dorf. »Aber zittern mussten nur die Unehrlichen«, kommentiert Alfred Prignitz trocken. Was ihn bis heute ärgert: Nach wie vor gebe es Unterschiede zwischen Ossis und Wessis. »Lohn Ost und Lohn West. Rente Ost und Rente West. Auch 25 Jahre nach der Einheit nicht angeglichen. Das ist Fakt. Mehr muss ich nicht sagen.« Prignitz schaut mich entschlossen an. Das musste er unbedingt noch loswerden. Ansonsten hält er es mit preußischen Tugenden: »Jeder muss sein Leben leben. Jeder muss sein Geld verdienen.« – »Jeder nach seiner Fasson?«, frage ich – »… soll selig werden«, ergänzt er.

Anfang Mai 2000 eröffnete die Weltausstellung in Hannover ihre Tore. Auch im kleinen Herzdorf versammelten sich Gäste. Eine Festgemeinde pilgerte auf einen nahen Hügel, um eine zehn Meter große blaue Fahne im gelben Rapsfeld zu hissen. In dicken Lettern war zu lesen: »EXPO 2000 Hannover. Das 21. Jahrhundert.« Die Sonne lachte. Bienen summten. Die Versammelten wischten sich den Schweiß von der Stirn. Das Weltdorf zeigte Flagge. Nach Ansprachen folgte ein kurzes musikalisches Zwischenspiel, am Ende erlösender Beifall. Der Künstler Jan Walde grinst schelmisch. »Das Aufstellen dieses Expo-Segels auf dem Acker war etwas Bizarres, wie im Kino. Der Film *Delikatessen* fällt mir ein.« Walde zieht die Augenbrauen hoch. »Ein Dorf ist wie ein Organismus. In einem so lebenden Organismus kocht schnell etwas hoch. Da würde der Arzt irgendwann versuchen, die Herzfrequenz zu senken. Einfach, weil der Blutdruck zu hoch war.«

An diesem Maitag war Hans Blumental mit sich und der Welt im Reinen. Nach dem Hissen der Fahne sollten Straße und Brunnen eingeweiht werden. Auch wenn er Volksfeste nicht besonders schätzte, war dieser Akt doch ein Abschluss nach sieben Jahren harter Arbeit. Vergessen waren Schlagzeilen der letzten Wochen, als die Presse sich auf ihn eingeschossen hatte. »Das falsche Musterdorf«, hieß es oder: »Wo die Zukunft schon war.« Ein Reporter aus der Hauptstadt hatte geschrieben, dass sich die Herzdorfer wie die Indianer vor fünfhundert Jahren in Amerika fühlten. Er rottete doch keine Indianer aus!

Blumental wischte diese Gedanken wie Schweißperlen von seiner Stirn, als ihn am neuen Brunnen ein Fernsehreporter auf »Schwierigkeiten« ansprach. Ob es stimme, dass er pleite sei. Wie es das Schicksal wollte, stand Amtsdirektor Merdorn direkt neben ihm. Er hörte scheinbar nicht zu, achtete jedoch auf jedes Wort. Monatelang hatten sich die beiden nicht mehr gesehen oder waren sich aus dem Weg gegangen. Bei der Eröffnung schlug die Stunde der Wahrheit – für beide. Nun ging es um zwölf Millionen Mark Investitionen, um ein Musterdorf und darum, wer das letzte Wort hatte. Vor laufender Kamera lieferten sich die Männer ein Duell, während der Reporter sein Mikrofon wie eine Angelrute mal in die eine, mal in die andere Richtung warf.

Wolfgang Merdorn sagt heute, er sei von dem Reporter überfallen worden. Aber er müsse kein Wort zurücknehmen. Er habe nur die Frage gestellt, wer das Potemkinsche Dorf bezahlen soll? Das Ganze werde böse enden.

Blumental verwies auf seine Erfolge, die von der *Neuen Zürcher Zeitung* bis zur *New York Times* gewürdigt worden waren. Nur nicht von diesen geistigen Pygmäen im Amt. »Tja, die Brunneneinweihung. Das war wirklich die Ansammlung des Frustes. Diese Verweigerung. Merdorn war nicht der Typ, der ein solches Konzept verstand.«

Merdorn hält dagegen: »Für mich stand fest: Partnerschaftlich vereinbaren war mit ihm nicht möglich. Er hat ständig versucht, mich zu umschiffen. Dadurch litt natürlich die ganze Geschichte.«

Feuerwehrchef Brenner rettete die Situation, indem er die Kapelle anwies, flotte Rhythmen zu intonieren. Die erhitzten Kampfhähne trennten sich, während der Kameramann neue Bilder suchte. Als der Landrat die Brunnenfontäne in Gang setzte, erschallte ein Ah und Oh im Dorf. Allerdings konnten Besucher die Nacht nicht mehr im Musterdorf verbringen. Das Hotel war geschlossen. Wasser und Strom waren abgedreht, das Personal geflüchtet, weil die Mitarbeiter vergeblich auf ihren Lohn gewartet hatten. Nichts ging mehr im *Brandenburger Hof*. Laura Lydinger, die Expo-Beauftragte, war verschwunden. Keiner hatte sie beim Festakt gesehen. Der erste Tag der großen Weltausstellung war zugleich ihr letzter Tag. Sie hatte gekündigt. Fristlos. Heute sagt sie: »Das Maß war einfach voll. Ich konnte nicht mehr. Ich habe gekündigt, weil ich etwas verkaufen sollte, was es nicht mehr gab. Ich machte das auch aus Sympathie für Linda, die er so schlecht behandelt hatte. Linda war in tiefster Depression. Sie ging nicht mehr aus der Wohnung. Sie war häufig völlig verwahrlost, die Haare ungekämmt. Ein Bild des Jammers. Sie trank, weinte stundenlang. Es war einfach nur noch traurig. Ich hatte Angst, sie bringt sich um.«

Garten Eden

Auf einen Acker am Rande des Dorfes hatte Blumental seinen ganzen Ehrgeiz konzentriert. Dort gründete er einen Garten Eden, zwanzig Hektar groß. Er ließ Apfel-, Birnen- und Kirschbäume pflanzen, riesige Beete anlegen und Ställe für Gänse, Hühner und Ziegen zimmern. In einer Broschüre verkündete er: »In den für alle Besucher zugänglichen *Gärten für alle* wird ein breites Angebot an frischem Gemüse und Obst angebaut, ergänzt durch Angebote von Rindfleisch aus der eigenen Mutterkuhherde und Hühnereiern aus Freilandhaltung.« Auf dreieinhalb Hektar ließ Blumental Spargelbeete anlegen. Er wollte es allen beweisen: Selbst auf kargem Boden ist anspruchsvoller Spargelanbau möglich, wenn man es nur richtig anpackt. Die einheimischen Bauern schüttelten den Kopf.

Es war ein Kindheitswunsch. »Ich wusste, dass dort ein sehr schlechter Boden ist. Was ihm fehlt, ist Humus.« Blumental kalkulierte mit dem Zeitgeist. Er verkaufte Menschen ihre eigenen Hoffnungen. Zum Jahrtausendwechsel war, wie bei allen Zeitenwenden üblich, eine ausgeprägte Schwärmerei für das einfache, natürliche Leben ausgebrochen. Biomärkte waren rappelvoll, Kirchen hingegen leer. Bio war eine Art Ersatzreligion geworden. Eine perfekte Möglichkeit für die Mittelschicht, sich mit natürlichen und teuren Produkten vom Junkfood der Durchschnittskonsumenten abzugrenzen.

Blumental führte als einer der Ersten das Prinzip der *Selbsternte* ein. Büromenschen verbrachten ihre Freizeit kriechend und schwitzend. Gartenarbeit galt in den Lifestyle-Magazinen als absoluter Trend. Die Wochenzeitung *Die Zeit* notierte: »Wer in der Erde herumwühlt, wer etwas anbaut, etwas kultiviert, der wird rasch merken, dass sich nicht nur ein Stück Land, sondern ein Stück seiner selbst verändert. Er spürt, wie sich seine Sinne schärfen und sein Verhältnis zur Welt ein anderes wird.«

Im Garten Eden gediehen Bohnen, Erdbeeren, Erbsen, Kartoffeln, Radieschen, Rüben, Salat, Tomaten und köstliche Herbsthimbeeren. Die Stadtmüden beackerten bei praller Sommerhitze oder im Dauerregen ihre Phantasien vom Ausstieg auf Zeit. Sie träumten von einer »arschlochfreien Zone« und gaben Kühen Namen. Andere erkundeten Schweineställe, die sie in Opernhäuser verwandeln wollten. Die Deutschen pflanzten, harkten und säten, als gäbe es nur noch ein einziges Ziel: die Rückkehr ins Paradies. Zurück zur blaubeerprallen Mutter Natur. Nichts, keine Nacktschnecke, auch nicht die gefürchtete Wühlmaus sollte sie davon abbringen.

»Sie graben sich irgendwann einmal selbst ein«, bemerkte meine Frau, die das Treiben beobachtete, »und werden selbst zur Möhre.«

»Wir sparen uns Therapeuten«, meinten hingegen die Wochenendgärtner, »besser als jede teure Sitzung.«

Die Einheimischen wunderten sich, fütterten die Hühner und pflegten vernachlässigte Beete, wenn Städter wieder die Geduld verloren hatten.

Was der Blumentalsche Garten hergab, verkaufte der neue Bioladen zu saftigen Preisen. Der Clou: die sogenannte Abo-Kiste. Die stellte die GALA, der Garten- und Landschaftsbaubetrieb, unter der Regie von Blumentals Gefährtin, zusammen. Einmal im Monat verschickte die GALA Bio-Kisten bis vor die städtische Haustür. Am Anfang das Stück zu fünfzehn Mark. Bald wurde die Kiste teurer, obwohl der Inhalt abnahm. Im Winter reduzierte sich das Angebot auf Kohl in allen Varianten. Blumenkohl. Grünkohl. Rosenkohl. Weißkohl. Dazu verpackte Wurst, auf der in großen Buchstaben das Wort Bio prangte.

Der karge Boden forderte Tribut. Die Obstbäume wuchsen langsam, der Spargel wollte nicht gedeihen. Trockene Sommer schmälerten die Erträge. Die Schlachtung der Rinder erwies sich als aufwendig und teuer. Die Wirklichkeit setzte dem Erfolg enge Grenzen. Im Dorf kursierten Gerüchte, die Bio-Kiste sei eine Mogelpackung. Alfred Prignitz, der alte LPG-Chef, erinnert sich: »Blumental hatte keine Ahnung, wollte aber alles machen. Kurz gesagt. Was daraus geworden ist, hat jeder gesehen. Spargel ist eine spezielle Kultur, die viel Arbeit verlangt. Wir hatten in der LPG auch Spargel. Ich weiß, was der Spargel gekostet hat und was er eingebracht hat.« *Der Herr* meint, es hätte so kommen müssen. Am Ende sei das Geld ausgegangen.

Als Blumental die Vorwürfe hört, sagt er, das müsse er sich nicht gefallen lassen. Er kann kaum an sich halten: »Sie waren zu faul, eine Kolonne zu organisieren. Das war zu viel Arbeit. Ich sage Ihnen: Die Menschen sind an das Arbeiten nicht mehr gewohnt gewesen.«

Im Paradiesgarten wuchsen nur noch faule Früchte. Ausgerechnet im Expo-Jahr konnte der Prestigebetrieb keine Löhne mehr zahlen. Von Größenwahn war die Rede und von Wessis, die keine Ahnung hätten, aber immer alles besser wissen wollten. Die Einheimischen fühlten sich in ihrer Ehre gekränkt. Von Landwirtschaft hatten sie Ahnung, und Arbeiten hätten sie gelernt. Da durfte ihnen keiner etwas vormachen. Keiner!

Das Aus für den Paradiesgarten kam im Sommer

2000. Äpfel vertrockneten. Wühlmäuse fraßen die Beete kahl. An einem Spätsommerabend erfüllte sich das Konzept vom »Garten für alle« auf kuriose Weise. Matthias Brentano, der frühere Mitarbeiter der Blumentals, kann sich genau erinnern: »Mich fragte ein Bekannter: ›Kommst du mit in den Blumentalschen Garten? Wir holen Buchenhecken und ein paar Johannisbeersträucher.‹ Ich habe es nicht gemacht, weil ich wusste, dass es für Blumental unheimlich schwer ist. Es ging in Richtung Leichenfledderei.«

Das halbe Dorf war in dieser Nacht auf den Beinen. Wie einst, als die Kirche aufgegeben wurde, nahmen die Dörfler alles mit, was nicht niet- und nagelfest war. Noch heute sind Buchenhecken überall im Dorf zu sehen, die einst den großen Paradiesgarten zierten.

Am Morgen danach zog ein schwerer Caterpillar mit einem fröhlich pfeifenden Fahrer seine Kreise. Die Herzdorfer beobachteten aus sicherer Entfernung, wie Blumentals Aufbauwerk dem Erdboden gleichgemacht wurde. Für das Plattmachen gab es staatliche Stilllegungsprämien. Siebentausend Mark pro Hektar für das Ende der biologischen Landwirtschaft.

Das Ende des Obstgartens habe er als Landwirt zumindest bedauert, sagt *der Herr*, Selbstversorgung sei wichtig. Aber Mitleid? »Er hat kein Geld mehr gehabt, deshalb blieb der Garten liegen. Meine Tochter hat da eine Zeit lang gearbeitet. Umsonst.« Nach einer kurzen Pause fügt er hinzu: »Es gibt ein schönes Sprichwort: Schuster, bleib bei deinen Leisten.«

»Das hat sehr wehgetan.« Hans Blumental reibt sich die Augen, murmelt, sein Lebenswerk sei mutwillig zerstört worden. »Ich habe versucht, die Insolvenz zu vermeiden.« Das Gesicht in den Händen verborgen, beginnt er zu weinen. »Es ist richtig geplündert worden, selbst Mitarbeiter aus meinem Büro haben sich beteiligt. Da war eine Frau, die ich gut kannte, die kam mit ihrem Hänger und nahm die Pflanzen aus dem Garten raus, das hat so wehgetan.« Im westfälischen Wohnzimmer der Blumentals ist es dunkel geworden. Kein Licht brennt. Ich kann den Mann nur noch als Schatten wahrnehmen. Er schluchzt wie ein Kind. War alles umsonst? Er kramt umständlich nach einem Taschentuch, bis er mit tränenerstickter Stimme sagt: »Ich kann einfach nicht vergessen, dass die uns nicht mehr haben wollten …« In diesem Moment bittet er mich, das Mikrofon abzuschalten.

Wer mit dem Wolf tanzt

Er ist ausdauernd und scheu. An manchen Tagen legt er bis zu sechzig, siebzig Kilometer zurück. Wenn er Beute macht, geht es schnell und ohne Pardon. Nun ist er wieder da: der Wolf. Fast überall auf der Erde hatte der Mensch das Raubtier ausgerottet. 1904 wurde der letzte Wolf in Deutschland erlegt. Nach dem Ende des Kalten Krieges ist er wieder eingewandert – und mit ihm die Angst. Am Anfang war es ein Gerücht. Ein einsamer Rüde treibe sich auf dem nahen Militärplatz herum. Dann wurde er gesehen: ein *Canis lupus*, wie er wissenschaftlich heißt. Er hatte sich dort niedergelassen, wo einst gebombt und geschossen wurde und Menschen den Krieg geprobt hatten. Nachdem bekannt wurde, dass der Wolfsrüde auf Europas größtem ehemaligen Schießplatz unterwegs sei, stellten die Behörden Maßnahmenpläne auf. Wolfsmanagement heißt das. Sogleich gründete sich ein »Bündnis gegen den Wolf«. Bauern, Jäger und Schafsbesitzer schmiedeten seitdem bei Bier und Korn Pläne, um den Einwanderer wieder loszuwerden. Doch der Wolf ist europaweit geschützt. Er darf weder gefangen, verfolgt noch getötet werden. Der Wolf hat in Brüssel eine Lobby.

Im Dorf ist fast jeder Jäger. Wolfgang Merdorn lächelt schlitzohrig: »Der Wolf meidet menschlichen Geruch.« Er amüsiert sich über Gutmenschen aus der Stadt, die den Wolf romantisierten, von der Natur aber keinen blassen Schimmer hätten. Unter Jagdfreunden bestehe Einigkeit, was von dem Einwanderer aus Polen zu halten sei.

Ex-Truppenplatzkommandant Otto Suhl: »Wir sind eine dichtbesiedelte Kulturlandschaft, und der Wolf hat hier keinen Lebensraum.« Suhl ist vielleicht zu vorsichtig, um offen den Abschuss zu fordern. Er sagt Sätze wie: Wolfsschutz sei übertriebener Naturschutz. Dann folgt doch ein klarer Satz: »Der Wolf bei uns, das passt nicht. Das ist ausgemachter Unsinn.« Er mustert mich eindringlich, während ich an der Wand seine Jagdtrophäen zähle.

»Der hat an der Stromtrasse gesessen.« Henry Schütt nickt. Wirklich gesehen hatte er ihn nicht, aber er machte Bekanntschaft mit ihm. Es war ein Albtraum, erzählt er: »In einer Oktobernacht kam der Wolf an mein Gatter und hat sieben Stück Damwild gerissen. Fünf waren schon tot. Zwei musste ich noch erlösen. Das war eindeutig der Wolf. Das war eine richtige Blutorgie.«

Wenn der Wolf zuschlägt, kümmert sich ein ganzer Apparat von Wolfsbeauftragten, Wolfsbeobachtern und Wolfsbüros um ein Miteinander von Mensch und Tier. Wolfsbetreuer stellen Fotofallen auf, sammeln Kot, Haar- und Urinproben. Wahrscheinlich kommen auf jeden Wolf zehn amtliche und ehrenamtliche Betreuer. In ganz Europa wurden in den vergangenen fünfzig Jahren zwei tödliche Angriffe auf Menschen bekannt. Die Chance, von einem Auto überfahren zu werden, beträgt ein Vielfaches. Aber die Angst in den Dörfern bleibt. Da helfen keine Statistiken. Der Wolf hat einen schlechten Ruf. Seit dem Mittelalter gilt er als Inkarnation des Bösen. Hinterhältig, blutdürstig, verschlagen. Rotkäppchen lässt grüßen.

Henry Schütt sieht die Sache pragmatisch: »Die Leute von der Naturschutzbehörde haben sich erst schwergetan, weil sie nicht zugeben wollten, dass es der Wolf war, aber im Nachhinein haben sie es getan. Die Entschädigung vom Land ist schon geflossen.« Was tun, frage ich den Wirt, sollte ich dem Wolf begegnen? Schütt ist nun ganz bei der Sache. »Der Wolf hat im Grunde genommen Angst. Stehen bleiben. In die Hände klatschen. Dann müsste der Wolf weg sein. Ein wildernder Hund würde eher Menschen angreifen, weil der den Menschen kennt.«

Jetzt rüsten die Herzdorfer auf, installieren teure Elektrozäune und schimpfen auf den Staat, weil der ohne Zäune keine Entschädigung mehr zahlt. Die Jäger indes schweigen. Sie wüssten wahrscheinlich genau, was mit dem Einwanderer aus Polen zu tun wäre.

Utopia

Der Sommer 2000 war heiß und staubig. Die Kirche leuchtete golden, violett funkelten die Fensterscheiben in hellen Rahmen, von matten Lichtern rosig betupft. Das Hotel stand leer, der Park war verwaist, die Theaterleute verschwunden, und Besucher blieben aus. Im Schaukasten an der Kirche hingen vergilbte Programme und Verse eines Hobbydichters. Überschrift: »Die Sonne segne dieses Land.« Das Glas des Kastens war verschmiert, nur ein kleiner Rest war noch zu lesen. »Es knospe, blühe unser Land/All denen, die es fleißig hegen/Die Sonne segne unser Land.« Einsam wehte die blaue Expo-Fahne auf dem Hügel. Das Dorf war wieder in einen Tiefschlaf verfallen.

Alfred Prignitz ist noch heute erleichtert, denn am Standort der Fahne wollte Blumental »ein ganz großes Ding durchziehen«. Mit Tennisplätzen, Golfanlage und was weiß ich noch! Der *Herr* hebt den Zeigefinger: »Kein Wort hat er uns gesagt. In der Gemeindevertretersitzung aber ist ihm das Blatt runtergefallen. Er hat eine Skizze gemacht und trägt die uns nicht vor.« Prignitz sah die fertigen Pläne für einen Hotelkomplex. »Er wollte uns belügen. Ich weiß nicht, ob er uns am Ende ausbürgern wollte!« In diesem Moment betritt seine Frau das Wohnzimmer, grüßt freundlich. Prignitz hält inne, stellt sie als ein Flüchtlingskind aus Ostpreußen vor, das bei ihm hängengeblieben sei. »Wir haben nächstes Jahr Diamantene Hochzeit. Heutzutage trennen sich ja Paare schnell.«

Blumental plante nicht nur eine große Hotelanlage am Hügel, er konzipierte auch auf dem Bombenabwurfplatz eine neue Siedlung. Hans Brenner: »Ich sollte mal vorbeikommen, er hätte mit mir etwas zu bereden. Er saß an seinem Riesen-Schreibtisch. Da plante er eine Stadt. Zehntausend Hektar groß, riesengroß. Er wollte sich mit mir darüber unterhalten, wie der Name sein sollte.« Feuerwehrchef Brenner hielt die Pläne für absurd. Blumental habe daraufhin wütend seine Teetasse vom Tisch gefegt, die in tausend Stücke zerbrochen sei.

»Unsinn«, murmelt Blumental, der sich an nichts erinnern kann. Eine solche Stadt habe er nie geplant. Da hätten manche blühende Fantasien und verwechselten Brandenburg mit Saudi-Arabien. Da habe er bewiesen, wie man eine lebenswerte Stadt mitten in der Wüste errichten könne. Er gehe stets großzügig an Projekte. Es könne sein, dass er Ideen für die Region angedacht habe, aber eine ganze Stadt? Nein, höchstens »Abrundungen für die Dörfer« unter Beachtung der »Regionalität«. Ein touristisches Konzept für das Militärgelände habe etwas Spannendes. Ist doch reizvoll, oder?

Theaterchef Friedrich Rheins hatte von solchen Plänen nie gehört, hält solch utopische Ideen aber für durchaus möglich: »Blumental gehört zu den Leuten, die verbluten, die vor der Front laufen und vor der Front erschossen werden.« Blumental habe sich ein Denkmal setzen wollen, Kompromisse wollte er nicht eingehen. »Diese glatte, oberflächliche Eitelkeit ist es nicht. Es ist dieser Wahn, etwas schaffen zu wollen, etwas bauen zu wollen und sein ganzes Leben zu riskieren.« Der Regisseur nickt anerkennend. Respekt. Solche Männer braucht das Land. »Das kenne ich eigentlich nur von verrückten Künstlern, die sich im Beruf wegschmeißen. Auf dem Theater verlieren, auf der Bühne verlieren.«

Letzte Lesung

Im April 2002 öffnete die Kirche nach langer Pause für eine Lesung. Theatermann Maxim Haller wollte ein unbekanntes Kapitel über die Gartenbaukunst zu Zeiten Friedrichs des Großen vorstellen. Seit der Blumental-Pleite lebte Haller zurückgezogen im Dorf, er war als Einziger der Theaterleute geblieben. Sohn Boris: »Mein Vater hat sein Außenseitertum gepflegt. Neben den Dingen zu stehen war ihm normal, sein ganzes Leben hindurch.«

Zuvor hatte sich Haller an eine szenische Lesung gewagt. Er feiere eine estnische Operndiva mit dem Namen Miliza Korjus. Eine völlig vergessene Koloratursopranistin, die in den dreißiger Jahren in Europa und Amerika sehr bekannt gewesen war. »Wie ihr Leben wirklich war, ist sehr geheimnisvoll. Sie selber wirkte an dieser Mythenbildung mit, indem sie viele Lebensumstände verschleierte, bis sie manchmal selber nicht mehr wusste, wer sie war oder wer sie zu sein wünschte«, schrieb Haller im Vorwort. Längst strickte Haller an seinem eigenen Mythos.

An diesem Abend waren zur Lesung erstaunlich viele Zuhörer erschienen. Haller wollte die vergessene

Geschichte der Wasserfontänen im Park von Sanssouci erzählen, die zum Ärger des Preußenkönigs nie richtig funktionierten. Der Regent war außer sich, ließ die holländischen Techniker antreten, die aber unfähig waren, die teuren Wasserspiele in Gang zu setzen. Wieder eine Geschichte über das Scheitern. Das faszinierte Haller.

Unter den Besuchern in der Kirche saßen Ärzte, die sich abends von ihrem Seminar über Suchttherapien erholen wollten. Dann war es so weit. Haller stand auf, ging langsam in Richtung Altar, ließ sich vorsichtig hinter einem Lesetisch nieder. Umständlich schlug er das Buch auf, schob die Lesebrille hin und her. Schließlich setzte er an, verhaspelte sich beim ersten Satz. Er brummte einige Worte der Entschuldigung, nuschelte, verlor den Faden. Seine Augen wanderten hilflos durch die Kirche. Ein Besucher rief, er möge doch lauter lesen, es sei nichts zu verstehen. Maxim Haller strich sich durch den Bart, als habe er dort einen Rettungsring verankert. Seine Hände zitterten. Auf der Stirn bildeten sich Schweißperlen. Er begann, das Buch wie ein Magier anzustarren, als beim zweiten Anlauf seine Stimme vollends versagte.

Regisseur und Freund Friedrich Rheins saß in der letzten Reihe und spürte, wie sich ein Drama anbahnte. »Es war peinlich für ihn. Es tat mir so leid. Ich stand kurz davor, nach vorne zu gehen und ihm das Buch aus der Hand zu nehmen.« Der Regisseur schaut mich fragend an. Dann sagt er: »Ich kann doch nicht einfach vorgehen. Schließlich hat Maxim von sich aus gesagt: ›Friedrich, komm doch!‹«

Friedrich Rheins übernahm die Lesung. Die Ärzte nickten wissend, während die anderen Besucher sich nicht entscheiden konnten, ob sie lachen oder weinen sollten. Haller verschwand in die rettende Dunkelheit des Kirchenschiffs. Die Bühne war sein größter Feind geworden. Wie ein geprügelter Hund schlich er in die Aprilnacht hinaus, spürte, wie er den Boden unter den Füßen zu verlieren begann. Natürlich kannst du dich neu erfinden, tobte es in seinem Hirn, aber wozu? Aus seiner Jackentasche zog er eine flache Flasche, die ihn alle Wasserfontänen und Beschwerlichkeiten dieser Welt vergessen ließen. Er verachtete diesen Zustand der Selbstauflösung. Aber er konnte und wollte ihn nicht mehr aufhalten.

Exil

Linda Blumental bestand darauf, dass alles geordnet blieb. Ihr Leben als Veranstaltungsmanagerin, als selbstbewusste Frau. Chaos, Durcheinander und Schlamperei verstärkten ihre Ängste, dass ihr die Dinge entglitten. Allmählich hatte sich Linda dank der Therapie erholt. Sie wollte ein letztes Mal in ihr Dorf zurückzukehren. Das tat sie. Aber außer Maxim Haller war ihr nicht viel geblieben.

Sie ordnet sich in ihrem Sessel, faltet die Hände zu einem Dach, spannt ihre Stirnfalte. »Wie er zum Alkohol gekommen ist, weiß ich natürlich nicht. Aber er hat einiges an Entziehungskuren gehabt, und die letzte Entziehungskur war grauenhaft.«

Sie sei eine »verschleppte Ehefrau« gewesen. Ihr Schicksal sei typisch für das von Tausenden Frauen gewesen, die ihren Männern folgten. So sei sie Zugezogene und Fremde geblieben. Als sie nun in den Ort ihrer Verschleppung zurückkehrte, kam ihr das Dorf merkwürdig vertraut und doch so fremd vor. Alles schien wie immer. Das Dorf war ein wenig stiller geworden. Und doch wiederholte sich das Alltagsleben. Als wäre nichts geschehen. Man schimpfte auf die da oben hinter vorgehaltener Hand und hielt im richtigen Augenblick den Mund.

Ein Dorf mit zweihundert Einwohnern kann verdammt eng sein, ging ihr durch den Kopf. Hatte sie nicht alles riskiert? Altersrente, Versicherungspolice, wertvolle Immobilien zuhause im Rheinland? Linda Blumenthal grübelt. »Ich habe in einem Sommer meinen ganzen Schmuck verkauft.« Dann purzeln ihre Sätze wie eine Lawine den Abhang hinunter. Mehr als fünfzehn Millionen DM hätten sie verbaut, und wer habe es ihnen gedankt? Niemand. Geschuftet hätten sie wie Berserker, drei bis vier Stunden Schlaf höchstens, aber im Dorf hätte sich niemand auf ihr Konzept eingelassen. »Das hatte eine totale Nachhaltigkeit. Wie aus einem Guss.«

Sie überlegt kurz. Dann ergänzt sie mit erhobenem Haupt: »Wir sind nicht gescheitert. Nichts ist gescheitert. Ja, gut, die biologische Landwirtschaft vielleicht. Das ist das Einzige, wovon ich sage, es ist gescheitert. Sonst ist doch alles da. Aber so idiotisch wie wir, also ohne Netz und ohne alles, einfach sowohl seelisch wie auch wirtschaftlich sich dem so hinzugeben mit einer Idee, ist doch verrückt?«

Sie schaut mich herausfordernd an, lauert auf Zustimmung. Ein halbes Jahr lang sei sie richtig krank gewesen. Ich entgegne nach einer längeren Pause, ob sie nicht doch das Dorf als ihre Bühne betrachtet habe? Herzdorf als persönliche Kulisse? Linda reagiert rasch und energisch, regelrecht empört: »Für was? Für mich? Wozu? Das habe ich nicht gemacht.« Sie legt nach: »Was ich nicht alles in meinem Leben schon gemacht habe, bevor ich nach Herzdorf kam. Was die meisten nämlich nicht gewusst haben, ist, dass ich fünfzig Jahre schon gearbeitet habe. Ich musste mich nicht mehr verwirklichen.« Überhaupt sei es ein Riesenglück, dass sie so arm aufgewachsen sei. Daher könne sie jetzt ihre Altersarmut besser aushalten.

Linda Blumental war in diesen Wochen der Rückkehr nach Herzdorf wenigstens nicht ganz allein. Auch wenn sie sich so fühlte. Sie besuchte ihren alten Weggefährten Maxim Haller fast täglich im Krankenhaus. Lange Gänge, hallende Schritte, Personal in weißer Montur, Blicke des Mitleids, professionell dosiert. In der Klinik war ihr Maxim Haller ein wichtiger Halt, wie sie sich ausdrückt.

Wie Gestrandete verbrachten die beiden mehrere Monate, wie in einem Exil. Die Managerin und der Künstler. Das Einzige, was Linda zu dieser Zeit mit ihrem Mann noch verband, war ihr gemeinsamer Schuldenberg. »Unser Eigenkapital war unsere Altersversorgung, unsere Immobilien, unsere Lebensversicherung. Alles futsch. Als wir dann die Insolvenz mit dem Hotel gemacht haben, da hörte man buchstäblich die Schadenfreude.«

Linda traute sich nicht mehr auf die Straße, schloss sich ein. Das Dorf mied sie. Wovor sie sich gefürchtet habe, frage ich. »Vor den Einheimischen. Das hat etwas mit Charakter zu tun, mit Herkunft und Erzogensein. Ich habe zum Beispiel meine ältesten Klamotten angezogen. Ich habe versucht, mich unsichtbar zu machen.« Ihre Freunde berichten von nächtelangen Weinkrämpfen. Linda: »Ich habe immer wieder geschrien: ›Ich verstehe es nicht!‹« In ihr reifte der Gedanke, diese Welt für immer zu verlassen. Ihre Verzweiflung war unendlich. »Es war ganz, ganz schlimm. Es war, das hat der Psychiater gesagt, dieses nicht ausgesprochene Misstrauen, immer beäugt zu werden, als würde man …«

Sie bricht den Satz ab, richtet sich auf und lässt ihn im Raum verklingen. »Ich weiß nur noch, in der Zeit war Maxim Haller so krank. Alkoholkrank.« Linda schafft es immer noch, eigene Niederlagen hinter dem Schicksal ihres Leidensgenossen zu verbergen.

Kurz darauf packte Linda Blumental die letzten paar Habseligkeiten und verließ das Dorf – für immer.

Notbremse

Du lebst nur so lange ein gutes Leben, solange du niemals nachlässt. Die Geschäfte ließen zu wünschen übrig. Ständig meldeten sich Menschen, um Rechnungen oder Schulden einzufordern. Mit Blumental über Geld zu reden war jedoch so zielführend, als wollte man mit einem Erstklässler über Kernphysik diskutieren. Er machte längst den Eindruck, als würde er sich selbst nicht mehr zuhören. Seine Geliebte ging zunehmend eigene Wege. Das ganze Dorf nahm Anteil. Hans Brenner: »Blumental hat mir mal zu verstehen gegeben, dass er sich bei der Dame mächtig getäuscht hat. Er hat immer gedacht, sie würde auch die Gummistiefel anziehen: Nein, das machte die Dame nicht.«

Künstler Jan Walde saß in diesen Tagen oft an seiner Feuerstelle im Park, um präpariertes Holz zu »transflorieren«, wie er seinen Brennvorgang nannte. Seine Transflorationsstelle, ein galgenartiges Gestell, an dem Baumstämme hingen, war heimlicher Treffpunkt des Dorfes. »Es war wie im Film. Er verlor die Kontrolle. Ich habe seine Geliebte kennengelernt. Ich kannte beide sehr gut. Sah, wie sie ihre Spaziergänge machten. Euphorisch. Ein völlig verliebter Mann. Bizarr. Linda trank dadurch noch mehr, war frustriert. Sie musste gute Miene zum bösen Spiel machen. Hans war zu diesem Zeitpunkt einfach verliebt. Da kann man ihn wiederum beneiden, um dieses Verliebtsein.«

Der Holzkünstler verließ im Herbst 2000 das Dorf. »Es ist wirklich schade, dass Hans an der Stelle nicht geschaltet hat. Aber gut, der Frust.« Walde gießt frischen Tee ein, während seine junge Freundin schweigend unser Gespräch verfolgt. »Wäre Hans Blumental mit seinem Dorf etwas professioneller umgegangen, dann hätte er diesen Wahnsinn nicht begehen dürfen. Diesen Wahnsinn mit der Liebschaft.«

Mit Blumentals wirtschaftlichem Niedergang verflog auch die Verliebtheit.

»Ja, so war das!« Blumental schaut mich in seinem westfälischen Häuschen an, als wollte er sagen: Wer warten kann, zu dem kommen die Dinge automatisch, und irgendwann wird alles gut. »Heute schäme ich mich dafür. Aber ich habe diese Insolvenz abwenden wollen und verzweifelt versucht, einen Vergleich für das Hotel hinzukriegen.« Blumental spürte, was alle im Dorf dachten. Es war ihm gleichgültig. Erst als sich der Staatsanwalt für seinen Schuldenberg zu interessieren begann, zog Blumental die Notbremse. Er trennte sich von der jungen Dame wie von einem

Geschäftspartner. »Ich habe die Affäre beendet. Das war 2001.«

Dylan geht

Dylan Thomas' Sprache hatte sich in Hallers Hirn festgesaugt. Immer wieder blühten die Figuren auf, häufig des Nachts, wurden tragisch oder komisch. Gedankenverloren wandelte er über die Wiesen, deckte sich im Dorfkonsum mit Lebensgeistern ein, die ihm ein Weiterleben ermöglichten. Mit den Dichtern hielt er Zwiesprache. Mal mit Dylan Thomas, mal mit Maxim Gorki. Aber sie ließen ihn allein. Mit seinen Fragen. Seinen Zweifeln. Seiner Einsamkeit.

»Es sind Sommergäste. Kommen her, langweilen sich, machen Dreck, fahren wieder weg«, schimpft der Kellner in Gorkis *Sommergäste*. Haller quälte sich: Sollte er weiter die Großstadt-Klientel bespaßen, die sich zur Selbstfindung auf dem Lande niederließ und nach Ablenkung gierte? War das seine Bestimmung? Ein Leben als Animateur und Hofnarr? Plötzlich stupste ihn jemand an. Er hatte nicht bemerkt, dass er seit Stunden in einem Graben am Bahnhof lag. Das Bein gebrochen, bei Minusgraden. Einheimische brachten den Hilflosen ins Krankenhaus. Der liebe Gott wollte wohl seinen Abgang verhindern. Aber wollte er überhaupt noch gerettet werden?

Sohn Boris blättert in Tagebüchern und Skizzen. »In seinen Bühnenbildern beherrschte er die zur Verfügung stehende Technik souverän, benutzte Effekte jedoch nie als Selbstzweck.« Der Vater hatte einmal selbst über seine Arbeit geschrieben. »Meine Bühnenbilder waren nie spektakulär. Ich wollte immer ein Stück inszenieren, nicht mich.« Der Sohn zeigt Zeichnungen aus mehreren selbstentworfenen Jahres-Kalendern. Einer zeigt Motive aus dem Dorf, vom Leben am Rande der großen Welt. Ein anderer Fotos und Texte aus Portugal, dem Land, das er so liebte. Später dann weibliche Akte. Verhärmte dünne Frauen, die sich in verführerischer Pose den Blicken des Betrachters hingeben, und doch unnahbar wie Marmor-Statuen. Sein letzter Kalender trägt den Titel »Mein Ausgang«. Zu sehen ist unter anderem sein Schatten, geworfen an die Wohnungstür. Und Selbstporträts. Sie zeigen einen bärtigen Mann, dessen Gesicht zugewachsen ist. Ein Lächeln wäre eine Überforderung. Maxim Haller schwieg gerne ausgiebig. Wenn er etwas sagte, hatte es in seinem Kopf lange gearbeitet. Maxim Haller lebte wie viele Suchtkranken zwei Leben. Am Schluss war er Alkoholiker und Einzelgänger.

Im Sommer 2002 half Maxim Haller seinem Nachbarn Brentano, der eine alte Bauernkate umbaute. Er schleppte Balken, rührte Mörtel an, war sich für keine Arbeit zu schade. Er wollte seinen Kopf freibekommen, nicht mehr denken. Es gab Wochen, in denen er ausfiel und verschollen blieb. Matthias Brentano: »Er war zu seinem Fluchtachtel in Wien oder sonst wo. Das ist ein Originalbegriff von ihm. Das hat er geprägt. Fluchtachtel ist das letzte Viertel, bevor wir auf die letzte Reise gehen.«

Im Frühjahr 2003 waren des Nachts Töne vom Tonband zu hören. Aus seiner Dachmansarde. Haller war ansonsten wie vom Erdboden verschluckt. Er sprach nur noch mit den Einwohnern aus dem *Milchwald* und die mit ihm. »Unsere Stadt, die unterm Milchwald ruht/die ist nicht ganz schlecht, und auch nicht ganz gut/Und Du, o Herr, ich weiß, bist der Erste/der es für uns leicht macht und nicht prüft uns aufs Schwerste.«

Am Gründonnerstag riefen besorgte Nachbarn Matthias Brentano um Hilfe. Seit Tagen sei sein Fenster verschlossen, irgendetwas stimme nicht. Ob er, der gelernte Krankenpfleger, mitkommen könne? Matthias Brentano befürchtete das Schlimmste. Er schloss die Tür auf, betrat die Wohnung und blieb wie angewurzelt stehen. Haller lag in einen Teppich eingerollt auf dem Fußboden.

Matthias Brentano ist bleich. Diesen Anblick könne er nie mehr vergessen: »Ich habe schon viele Patienten tot aufgefunden. Wie er so dalag. Es war seiner nicht würdig.«

Maxim Haller war gut zwanzig Jahre älter geworden, als es seinem Idol Dylan Thomas beschieden war. Haller zerstörte sich mit Anfang sechzig. Er hatte die Bühne des Lebens verlassen wie Dylan Thomas. Sein Leben war wie eine Kerze erloschen.

Abgang

Ein Ehepaar aus Berlin wollte sich einen langgehegten Traum erfüllen. Endlich ein eigenes Hotel auf dem Lande: mit Ponyreiten, Streichelzoo und Yogakursen. Wie viele wünschten sich die Städter eine Welt ohne Burn-out und Alltagsstress. Der Zeitpunkt im Frühjahr 2001 war günstig. Der *Brandenburger Hof* stand leer, der Preis war ins Bodenlose gefallen. Die Bank wollte ihr einstiges Vorzeigeprojekt nur noch loswerden.

Als sich das Paar im Dorf umschaute, geriet es an einen Mann, der es eingehend warnte: Wolfgang Merdorn. »Der Amtsdirektor hat uns alle negativen Dinge über die Blumentals aufgezählt. Er hat uns mitgeteilt, dass es keinen Wert hat, in dieser Region den Tourismus anzukurbeln, weil hier sowieso keiner mehr herkommt.« War das wirklich so?, frage ich nach. Die Frau zögert. »Wie soll ich das jetzt ausdrücken, ohne …« Ihr Mann fasst sich ein Herz: »Er wollte bewusst warnen, worauf wir uns hier einlassen.« Das Berliner Ehepaar verschwand von einem Tag auf den anderen.

Wolfgang Merdorn zieht seine buschigen Augenbrauen mürrisch nach oben: »Die waren offensichtlich geschickt worden, um meine Stimmung zu testen. Das haben die sofort Herrn Blumental erzählt.« Merdorn konnte nun schalten und walten, wie er wollte. Jetzt bestimmte er, was ging und was nicht. Er, der Konkursverwalter eines Dorfes auf Weltausstellungniveau. »Ort der geplatzten Träume«, schrieb die *Neue Zürcher Zeitung*.

Wolfgang Merdorn schiebt einige Scheite Brennholz in den Ofen. Die Flammen umgarnen gierig das frische Holz. »Man sah es voraus. Er hatte zu viele arbeitsintensive Projekte. Wenn man mal nur den Pferdehof sieht. Den machen Hotels, wenn sie rüstige Eltern haben, der Vater macht das. Striegeln, Abspannen und so weiter, auch mal Kremserfahrten. Wenn man das im Stundenlohn zahlen muss, dann rechnet sich das nicht. So sahen auch die Pferde hinterher aus. Die hatten kein gutes Futter mehr.«

In seinem Blick liegt unmissverständlich Verachtung. »Er hat sich immer abgeseilt, wenn etwas nicht klappte. Er hatte die Absicht, alle stilfremden Häuser abzureißen. Die weißen Fertighäuschen zum Beispiel.« Er lächelt nur mit dem Mund, nicht mit den Augen. Die Einheimischen habe er quasi ausgebürgert. »In die Kirche konnten sie nicht mehr, das war zu fein, das Restaurant wurde zu teuer. Den Jägern hatte man ihren Treffpunkt weggenommen, weil daraus etwas Schickes gemacht werden sollte. Er wollte ein Mercedes-Dorf.«

Merdorn verachtet Typen wie Blumental. Für ihn gehört der Architekt zur Kaste der Wolkenschieber, Wasserlecker und Waldscheißer. Betuchte Prosecco-Trinker, die am Kamin über die Welt philosophieren und am Ende alles besser wissen wollen. Merdorn ekelte sich. Herzdorf war ein Bauerndorf. Ein Paradies für Jäger. Aber kein Tummelplatz für Selbstveredler.

Der Amtsdirektor führte eine Zweitwohnungssteuer ein. Sollten sie doch für ihr bioenergetisches *Paradise Now* blechen! Die Zuzügler murrten, aber überwiesen pünktlich die Sonderabgabe. Die Rechnung ging auf. Viele dieser Großstadtmüden werkelten an Herrenhäusern, verfallenen Vierseithöfen oder ramponierten Gutshäusern. Staatssekretäre, Schriftstellerinnen und Fernsehmoderatoren misteten mit der Schubkarre Ställe aus und stampften Fördervereine aus dem Boden. Das Nervige war: Diese Klientel mischte sich in alles ein. Wehe, wenn etwas nicht funktionierte. Ob Abwasser, Internet oder Schlaglöcher. Was schieflief oder nicht behoben werden konnte, schoben die Herrschaften ihm in die Schuhe. Der Mann greift nach der Kaffeetasse. Jetzt hilft »ein Lockermacher«. Ein Schnäpschen. Merdorn kommt vom Land. Beziehungen sind auf dem Dorf etwas sehr Nahes und Verletzliches. Das hatte der Mann im Hochsauerland von Kindesbeinen an gelernt.

Merdorn ahnt, worauf ich eigentlich hinauswill. Er ergreift die Flucht nach vorne: »Ja, es waren sechzehn Anklagepunkte. Ja, es gab vierzehn Monate auf Bewährung.« Verurteilt wegen Bestechlichkeit und Untreue im Amt. Merdorn richtet sich auf. Der gewaltige Mann ist angespannt wie der Bogen vor Abschuss des Pfeils. »Die Anklageschrift war manipuliert«, donnert er los, und »man wollte ein Exempel statuieren.« Schließlich sei er zwei Mal vor dem Bundesgerichtshof in Revision gegangen. Am Ende seien von sechzehn Anklagepunkten neun übriggeblieben. Und von den vierzehn Monaten Haft gerade mal zwölf. Alles auf Bewährung.

Im Verfahren ging es um viele Kleinigkeiten, die sich zu einem Gesamtbild auftürmten. Merdorn habe den gemeindeeigenen Trecker privatisiert, ebenso die amtliche Frankiermaschine. In der Anklage hieß es weiter, eine Baufirma habe kostenlos seine Hofeinfahrt verschönert und ein dubioser Grundstückskauf sei auf den Namen seiner Frau übertragen worden. Er sei Opfer einer politischen Intrige geworden, verteidigt sich Merdorn, Jetzt lächelt er tapfer. Ist nun mal passiert, dagegen sei kein Kraut gewachsen.

Als er im Juni 2001 in seinem Wohnzimmer verhaftet wurde, erfuhr es das ganze Dorf. Wie in einem miesen Tatort sei er behandelt worden, wie ein Verbrecher. Zeitungen brachten die Schlagzeile auf der Titelseite: »Amtsdirektor in U-Haft.« Seine Familie sei gemobbt worden. »Meiner Tochter wurden nach der Schule an der Haltestelle Schläge angedroht.« Merdorn schaut mich an. »Wenn man in Ungnade fiel, konnten das unsere Kinder ausbaden.«

Nach ein paar Tagen Untersuchungshaft ließ man den Verwaltungschef laufen. Von nun an musste er sich jede Woche beim Staatsanwalt zum Verhör melden. Jedes Mal, wenn er von einer dieser Vernehmungen zurückkehrte, saß er in seinem Haus zusammengesackt da. Raus konnte er nicht mehr, er war zur Zielscheibe des Gespötts geworden. Das war für ihn der Rachefeldzug der alten Seilschaften. Nur so kann Merdorn sich die schwerste Zeit seines Lebens erklären. »Ich bekam den Schwarzen Peter. Das war alles inszeniert.« Ich frage ihn, ob er sich als Unperson gefühlt habe? »Sicher. Jugendliche brachen bei uns ein. Man klaute Computer. Die Dorfpolizisten wussten, wer es war. Die wurden später auch abserviert.«

Das Dorf hatte schon wieder einen Skandal. Erst brach das Imperium des Investors Blumental zusammen, dann wurde gegen den Amtsdirektor wegen Korruption ermittelt. Die Einheimischen fühlten sich wie in einer Theaterinszenierung. Sie saßen ratlos staunend auf ihren Plätzen.

»Die hielten einfach dicht. Da wollte keiner reden. Keiner traute sich«, bemerkt Laura Lydinger, die mittlerweile für eine Lokalzeitung schreibt.

Wolfgang Merdorn winkt ab. »Sozialistisch einkaufen« sei Volkssport gewesen. »Mitnehmen, was man kriegen kann. Jede ABM-Gruppe nahm ihre Motorsägen mit. Kleine Vorteile erhaschen. Etwas, was im Westen keiner mehr machte.« Der alte Bürgermeister Walter stöhnt. »Merdorn war ein hemdsärmeliger Typ. *Dem* hat man übel mitgespielt. Das war eigentlich nicht nötig.« Viel mehr lässt sich Walter nicht entlocken. Auch er hält sich an das ungeschriebene Gesetz. Auf dem Land kennt jeder jeden. Besser den Mund halten, besonders wenn Fremde fragen.

Merdorn tauchte nach seiner Verurteilung unter. Er verließ Herzdorf. Niemand fragte mehr nach ihm. Irgendwie rettete er sich wieder in den öffentlichen Dienst. Merdorn fand eine Stelle in einer niedersächsischen Landgemeinde als »Verantwortlicher für räumliche Planung und Entwicklung«. Ich schaue ihn überrascht an. Er habe Schwangerschaftsvertretungen übernommen, erklärt er, bis er in den Vorruhestand gehen konnte. Unterkriegen ist nicht! Als er mich an seiner Gartentür verabschiedet, sagt er noch: »Hier ist genauso viel Wild wie in Herzdorf.« Er lächelt zufrieden.

Zu jagen gibt es immer etwas.

Vaterland

Hans Blumental versinkt in seinem Sessel und lässt das Gefühl auf sich einwirken, dass all das nun nicht mehr ihm gehört, dass alles vorbei ist. Für immer. Das Ehepaar hat sich einander gegenüber platziert, als warteten sie in Schützengräben auf den entscheidenden Moment. Mein Aufnahmegerät markiert auf dem Wohnzimmertisch zwischen Briefen, Zeitungen und einem Teller mit Gebäck die Trennlinie. Wir sind ein wenig angespannt. Wir wollen klären, wie es kam, dass aus einem wunderbaren Sommermärchen ein langer Albtraum werden konnte.

Hans Blumental hatte mir zuvor erzählt, dass er sein Vaterhaus schätze, sich aber noch nie in seinem Leben so einsam und abgeschoben gefühlt habe wie ausgerechnet hier. Linda hatte betont, die Zeit *in Brandenburg* sei eine Katastrophe gewesen. »Es hat unser Leben, unser Geld, unsere Kraft gekostet. Ich kann meinem Sohn nicht einmal ein bisschen helfen, der in der Ausbildungszeit 510 Euro hat. Wir leben von tausend Euro im Monat. Das ist mein Frust.«

Linda und Hans Blumental sind zusammengeblieben, trotz aller Schicksalsschläge. Es ist, als hätten sie auf diesen Tag gewartet. Draußen verschränken grimmige Wolken die Arme. Die Luft, die durch das Fenster strömt, riecht nach Regen, der gleichmäßig fällt. Was für eine paradoxe Situation! Mit ihrem Dorf hatten sie allen gezeigt, dass es geht – und sind heute selbst am Ende. Mit Strafbefehlen, Offenbarungseid und einem riesigen Berg Schulden. Spott und Schadenfreude gab es gratis. Ihre Gesundheit ist ruiniert.

Hans erlitt einen schweren Schlaganfall, Linda war viele Jahre in therapeutischer Behandlung.

Ich beginne unverfänglich und frage, was sie vor fünfundzwanzig Jahren an Brandenburg gereizt habe. Der Schriftsteller Günter de Bruyn habe das Land als hässlich beschrieben, Heinrich von Kleist wünschte alle Feinde Brandenburgs in den Staub. Linda fällt mir ins Wort. »Mich brauchen Sie nicht zu fragen. Mich hat nichts gereizt. Heute reizt mich schon einiges, aber damals, als mein Mann hinwollte, gab es für mich nichts Reizvolles.« Hans schaut versonnen: »Wenn ich durch die Landschaft gefahren bin, war das Landschaftserlebnis immer wieder neu. Jeden Tag, den ich unterwegs war. Eine große Freude. Die wechselhafte, weiträumige Landschaft, ohne Zäune. Wenn ich das mit Westfalen vergleiche. Dieses Kleinteilige gibt es dort nicht. Es war die Großzügigkeit Brandenburgs.« Seine Augen leuchten.

»Ist das Land weit, aber die Menschen eng?«, will ich wissen, als plötzlich die Raumtemperatur eine entscheidendere Rolle spielt. Es entwickelt sich unvermittelt ein Schlagabtausch, ob die Heizung nicht zu sehr aufgedreht sei. »Das sind unsere täglichen Dinge!«, entschuldigt Blumental achselzuckend. Sie schweigt. Ich nehme einen neuen Anlauf. Ob sie mit ihrem Dorf Idylle verkaufen wollten? Er: »Nein, das habe ich nicht versprochen.« Sollte eine heile Welt garantiert werden? – »Nein. Ich habe höchstens versprochen: Seht doch die Qualitäten eurer eigenen Heimat. Ich nenne das mal so pathetisch.« Linda interveniert: »Die Leute kamen, weil sie aus Berlin raus wollten, weil sie irgendwas suchten, weil sie davon gehört hatten und wussten, da ist einigermaßen Qualität.« Dieser Punkt ist ihr wichtig. Die Anwesenheit von Prominenz, die aus der Dorfstraße einen Laufsteg machte. »Wenn es um Politik und Prominente geht, dann waren alle da: von Manfred Stolpe bis Bundespräsident Herzog, dazu sämtliche Staatssekretäre, von Gysi bis zu geht nicht mehr. Sie kamen, um sich das anzuschauen. Wir hatten auf unserem Hof wirklich gute Möglichkeiten.«

Linda betont, dass ihr Restaurant schon im ersten Jahr 14 von möglichen 17 Gault-Millau-Punkten erhalten hatte. Sie lächelt triumphierend. »Das hat das Dorf beeindruckt.« Woran seien sie denn gescheitert, wenn alles so wunderbar lief? Lag es am Personal? Plötzlich reden beide wild durcheinander. Linda schaut pikiert: »Wir mussten führen. Wer hätte es dann gemacht?« Hans fällt ihr ins Wort. »Das ist für mich ganz einfach …« Linda empört sich wie in einer Talkshow, hier dürfe man nicht einmal ausreden. Hans redet einfach weiter: »Wir haben in unserer Welt, die nur so funktionieren konnte, mit viel Publikum an den Menschen vorbeigedacht und gehandelt, weil wir Umsatz brauchten. Das kann ich mir sehr wohl vorstellen, dass viele Dorfbewohner gesagt haben, diesen ganzen Mumpitz brauchen wir nicht.« Hans Blumental sortiert sein strohweißes Haar. »Wenn man sich das heute überlegt, dann waren das Perlen vor die Säue.«

Das Wohnzimmer ist längst eine Kampfzone. Gefangene werden nicht mehr gemacht. Linda attackiert ihren Mann, er sei ein hoffnungsloser Träumer und Romantiker. Vom richtigen Leben habe er keine Ahnung. Hans beklagt, sie wolle ihn einfach nicht verstehen, geschweige denn ausreden lassen.

Wir verabreden eine kurze Auszeit, öffnen die Fenster. Draußen riecht es nach feuchter Erde. Ein Windhauch kühlt das aufgeheizte Wohnzimmer. Beim Lüften erzählt mir Blumental, dass er neue Projekte in Angriff genommen habe. In China! Er soll in Qingdao, einer Millionenstadt, die früher deutsche Kolonie war, historische Stadtanlagen sanieren. Was für eine Aufgabe! Seine Augen strahlen. Der Mann lebt mit seinen achtzig Jahren diesen Blumentalschen Produktivitätsimperativ. Arbeiten, um Sinn zu finden. Arbeiten, um nicht zu verzweifeln. Linda verweist auf ihre internationalen Veranstaltungen, die sie als Eventmanagerin zu Erfolgen geführt habe. Ich fühle mich wie in einem Theaterstück von Maxim Gorki. Nur, dass diese

Sommergäste echt sind. Ihre Bühne ist ein kleines Reihenhaus in Westfalen. Sie spielen ihr Leben, sind wie zwei Fackeln im Wind, die an beiden Enden brennen.

Wir schließen die Fenster, sperren die Herbstkühle aus. Wie lautet ihre Bilanz? War das kleine Dorf die große Freiheit? Linda antwortet entschieden: »Für mich ist Herzdorf eine Straße.« Hans entgegnet sofort. »Nein. Um Gottes willen!«« – »Moment!«, ruft Linda. »Es wurde gefragt, ob das Freiheit war! Und ich sage, für mich war das von Anfang eine Straße, wo Menschen wohnten, und noch eine kleine Querstraße. Freiheit war etwas ganz anderes.« Hans hört nicht mehr zu, redet seinen eigenen Monolog: »Ich habe mit Freiheit natürlich die Landschaft gemeint…« Linda wiederholt: »Ich war überhaupt nicht glücklich. Was hat das Dorf mir geboten, außer Stress und Ärger? Für mich war es keine Freiheit.«

Ob sie sich eine Rückkehr vorstellen könnten, frage ich. Beide überlegen. Jetzt antwortet der Mann zuerst: »Wenn jemand käme und sagt, komm wieder, weil wir dich brauchen, würde ich wahrscheinlich sofort wieder hingehen.« Linda ist für einen Moment sprachlos. »Aber es tut ja keiner. Es meldet sich keiner.« Hans Blumental: »Ich habe sehr viele schöne Augenblicke erlebt. Was mich verletzt ist, sie wollen mich nicht mehr haben.« Linda sagt: »Ich hatte immer das Gefühl, man glaubt mir nicht. Ich kann den Mund aufmachen, kann irgendetwas sagen, irgendetwas tun, aber ich werde immer angesehen, als ...« Den Ausdruck arrogante West-Frau lässt sie unausgesprochen im Wohnzimmer stehen. »Warum sind die Leute so über mich hergefallen? Warum gab es die Märchen im Dorf, dass man bei uns nicht arbeiten wollte, weil ich mit weißen Handschuhen durch die Räume gehen würde, ob sie sauber gemacht hätten? Warum dachten sie, ich wäre die größte Ausbeuterin, die es auf dieser Welt gibt?« In diesem Punkt teilen sie sich ihr Leid. Hans Blumental: »Ich bleibe dabei. Die DDR hat die Menschen verbogen.« Er habe die Welt gesehen, von Saudi-Arabien bis Japan. Die Ostdeutschen hätten ihr festes Feindbild vom bösen Westen nicht aufgeben wollen. »Wir haben nicht die gleichen Erinnerungen, wir haben völlig andere Erinnerungen ...«

Linda Blumental greift nach einem Taschentuch. Auch sie kämpft nun Tränen der Trauer nieder. Leise flüstert sie: »Ich möchte die Zeit nie wieder haben.« Blumental zuckt erschrocken zusammen, nur noch fähig, ein ungläubiges »Ach, ja?« hervorzubringen. Dann Schweigen. Die Zeit ist reif, das Aufnahmegerät abzuschalten.

Epilog – Das Ende vom Anfang

Dieser Sommerabend wärmt die Seele. Grillen zirpen. Frösche quaken. Im Wald ist Licht. Aus dem Park schallen Stimmen. »Unser Milchwald ist nur ein winziger Hain/von ganz anderen künden die Sänger/doch dürfte ich wählen, so wollte ich mein/ganzes Leben und länger/Unter unseren Bäumen wandeln im Hag/und durch unsere Gässchen und Gassen.«

Der Milchwald lebt. Es wird weiter Theater gespielt. Ein kleines Wunder. Das Dorf hat sich erholt, obwohl das erste Jahrzehnt des neuen Jahrtausends keine rosige Zukunft versprach. Doch der Samen ist aufgegangen, den das Ehepaar Blumental in den abgelegenen Landstrich getragen hat. Dieser Erfolg gehört unbestritten zu den Verdiensten der beiden Pioniere Hans und Linda Blumental. Auch wenn sie einen hohen Preis zu zahlen hatten. Ihre Kulturkirche entwickelte sich zum weithin bekannten Symbol des Aufbruchs für eine geschundene, fast vergessene Region. Ein ganzes Jahrzehnt später sind Kirche, Hotel und Vierseithöfe wieder mit Leben erfüllt. Selbst das alte Schlachthaus ist liebevoll saniert. Der Geister-Bahnhof hat einen neuen Eigentümer gefunden. Die Züge halten, wenn auch nur alle zwei Stunden. Die Feuerwehr hat ein neues Haus bezogen. Nicht schön, aber zweckmäßig, mit viel Platz für ein neues Löschfahrzeug und die legendären Feste.

Das Dorf lebt. Das Theater erweist sich als probates Mittel gegen Frust und Abwanderung. Nicht einmal rechte Scharfmacher haben im Dorf Fuß gefasst. Der neue Hotelbetreiber ist ein fleißiger Bergbauer aus Südtirol. Mit seiner Berliner Ehefrau hat er den Land-Tourismus erfolgreich weiterentwickelt. Nun gibt es Yoga-Kurse, einen künstlichen Badesee und italienische Weinproben. Niemand schießt mehr mit Luftgewehren auf Fremde. Der Traum vom einfachen Landleben wird pragmatisch und auf Zeit gelebt. In der Regel von Freitagabend bis Sonntagmittag.

Gibt es am Ende doch ein Happyend? Ist das Musterdorf eine Erfolgsgeschichte? Bei Henry in der Dorfkneipe ist man zu hundert Prozent geteilter Meinung. Das Bier kostet einen Euro siebzig. Spottbillig, sagen die Städter. Zu teuer, schimpfen die Stammgäste. Fast alle hatten nach der Wende ihre Jobs oder Posten verloren. Der Kommandant. Der LPG-Chef. Der Lehrer. Mancher hat seit der Einheit keinen einzigen Tag mehr regulär gearbeitet. Sie waren in der Mitte ihres Lebens, als sie komplett neu anfangen mussten. Alltag, Familie, Beruf, Beziehung, Liebe. Alles wurde durcheinandergewirbelt. Nur Wirt Henry blieb der ruhende Pol. In seiner verrauchten Kneipe hat das alte Dorf ein Stück weit überlebt. Niemand fühlt sich für das Scheitern der Blumentals verantwortlich. Keiner im Dorf war schuld. Die waren einfach nicht clever genug, heißt es.

Die Blumentals sind aber längst verschwunden. Linda hatte um die Jahrtausendwende das Weite gesucht. Ihr Mann hielt bis ins Jahr 2007 durch. Dann gab er verbittert auf. Er war in der Tiefgarage seines Lebens angelangt. Haus, Hof und Gesundheit hatte er nachhaltig riskiert. Heutzutage reden die Alten über die Blumentals wie über das Adelsgeschlecht der Königsmarcks. So ist der Lauf des Lebens: Die hohen Herrschaften kommen und gehen. Das Dorf bleibt. Das Urteil in der Schänke steht fest: die Blumentals seien an sich selbst gescheitert. Seit einiger Zeit sind aber auch andere Stimmen zu hören: Die beiden hätten sich ein Denkmal verdient.

Verschwunden ist der Junge, der im Jahr der Einheit

vom Kirchturm stürzte. Das Barfußkind, das weder lesen noch schreiben konnte, aber den Theaterproben aufmerksam folgte. Der kleine Fritz blieb unauffindbar. Eine der wenigen Spuren führte zu einem Obdachlosenheim in der nahen Kreisstadt. Dorthin hatte Mutter Marianne den Jungen möglicherweise mitgenommen. Wenige Jahre später war das *Mariannchen*, wie sie in der Notunterkunft hieß, in eine Kleinstadt im Südosten der Republik weitergezogen. Ob der Junge seinen Platz im Leben gefunden hat?

Aus dem nächtlichen Gutspark dringen wieder Stimmen. Dylan Thomas lässt seine Helden lautsprecherverstärkt von der Liebe träumen. Die Starken und die Schwachen, die Guten und die Bösen. Selbst Dorfpfarrer Eli Jenkins träumt von unerfüllter Sehnsucht, vom kleinen und großen Glück im irdischen Leben. So wandelt seine dunkle Stimme durch den Park, fliegt hinauf zur Kirche, die schnurgerade Dorfstraße entlang, um über die bescheidenen Häuser in die mondhelle Sommernacht einzutauchen. Jenkins lässt die Hoffnung bis zum Schluss nicht fallen: »Oh, lass uns den morgenden Tag noch sehen/ich bitte Dich, lass uns die Nacht überstehen/und wir neigen uns vor Deiner Sonnen Pracht/und sagen Lebewohl, aber nur für heute Nacht!«

Dank

Die Stimmen eines Ortes zu Gehör zu bringen hat in der Literatur viele Vorbilder. Das Dorf gibt es wirklich. Fast alle waren bereit, über die Anfangsjahre zu reden. Manche wollten anonym bleiben, ganz wenige verweigerten sich. Ich habe gelernt, dass in dieser Region Brandenburgs der Satz Theodor Fontanes lebendig geblieben ist: »Das Beste, dem du begegnen wirst, das werden die Menschen sein, vorausgesetzt, dass du dich darauf verstehst, das rechte Wort für den gemeinen Mann zu finden.«

Ich danke ALLEN, die mir ihre Herzen, Türen und Archive geöffnet haben. Auch wenn ich die Namen aus persönlichkeitsrechtlichen Gründen verändert habe: Alle Beteiligten wissen, wer angesprochen ist und wen ich meine. Ohne diese vielen hilfreichen Gespräche, Erinnerungen und Hinweise hätte ich dieses Porträt der Geschichte eines ungewöhnlichen Dorfes nicht erzählen können. Über ein Jahrzehnt zog ins Land, bis dieses Buch seine jetzige Form gefunden hat.

»Unter jedem Grabstein liegt eine Weltgeschichte«, sagte einmal Heinrich Heine. Man muss nicht unbedingt auf den Friedhof gehen, um Neues zu entdecken. Das Leben bietet genug Stoff. Danke, Dorf!

Juli Zeh

Unterleuten

Roman

640 Seiten, gebunden, btb 71573

»Mit dem Dorf stimmt was nicht. Ganz massiv.«

Manchmal kann die Idylle auch die Hölle sein. Wie das Dorf Unterleuten irgendwo in Brandenburg. Wer nur einen flüchtigen Blick auf das Dorf wirft, ist bezaubert von den altertümlichen Namen der Nachbargemeinden, von den schrulligen Originalen, die den Ort nach der Wende prägen, von der unberührten Natur mit den seltenen Vogelarten. Doch hinter den Fassaden brechen alte Streitigkeiten wieder auf. Und obwohl niemand etwas Böses will, geschieht Schreckliches.

Ein Gesellschaftsroman über die wichtigen Fragen unserer Zeit, hochspannend wie ein Thriller

»Im Grunde ist Juli Zeh genau jene Schriftstellerin, nach der sich alle sehnen.«

Volker Weidermann, Frankfurter Allgemeine Sonntagszeitung

btb

Thomas Hettche

Pfaueninsel

Roman

352 Seiten, btb 74983

Es mutet an wie ein modernes Märchen: Alles beginnt mit einer Königin, die einen Zwerg trifft und sich fürchterlich erschrickt. Kaum acht Wochen später ist die junge Königin tot – und der kleinwüchsige Christian und seine Schwester Marie leben fortan weiter mit ihrem entsetzten Ausruf: »Monster!« Damit ist die Dimension dieser Geschichte eröffnet. Am Beispiel von Marie, die auf der Pfaueninsel zwischen den Befreiungskriegen und der Restauration, zwischen Palmenhaus und Menagerie, Gartenkunst und philosophischen Gesprächen aufwächst und der königlichen Familie bei deren Besuchen zur Hand geht, erzählt Thomas Hettche von der Zurichtung der Natur, der Würde des Menschen, dem Wesen der Zeit und der Empfindsamkeit der Seele und des Leibes – und nicht zuletzt von die Liebe in ihren mannigfaltigen Erscheinungsformen.

»Seit Kehlmanns Vermessung der Welt habe ich keinen Erzähler mehr so souverän mit Ideen spielen sehen.«

Denis Scheck

»Ein in jeder Hinsicht schillerndes Buch über unsere Vorstellung von Schönheit – mit erschreckenden Abgründen.«

Brigitte

btb

Ein kleines Dorf in der Nähe von Berlin, das eigentlich jedes Dorf sein könnte. Ein Mikrokosmos menschlicher Befindlichkeiten. Über die Jahrhunderte hat es allerlei Menschen kommen und gehen gesehen: Kreative und Glücksritter. Gewinner und Verlierer. Pessimisten und Visionäre. Alteingesessene und Berliner Großstadtmenschen, die in der unberührten Natur ihr Glück suchen. Einwohner, die Verlorenes erhalten wollen. Zugezogene, die Altes neu erfinden wollen. Und zwar um jeden Preis.

Christhard Läpple, 1958 geboren, hat Publizistik, Politik und Geschichte studiert. Seit Mitte der achtziger Jahre in vielen verschiedenen und leitenden Positionen beim ZDF. Unter anderem als stellvertretender Redaktionsleiter von »Kennzeichen D«, als Moderator des »Blauen Sofas« auf den Buchmessen (2002-2015) und Leiter des Kulturmagazins »aspekte« (2011-2013). 2008 erschien das vielbeachtete Sachbuch »Verrat verjährt nicht – Lebensgeschichten aus einem geteilten Land«. Er lebt mit seiner Familie in einem Dorf in Brandenburg.